Meditações

Biblioteca Pólen

Para quem não quer confundir rigor com rigidez, é fértil considerar que a filosofia não é somente uma exclusividade desse competente e titulado técnico chamado filósofo. Nem sempre ela se apresentou em público revestida de trajes acadêmicos, cultivada em viveiros protetores contra o perigo da reflexão: a própria crítica da razão, de Kant, com todo o seu aparato tecnológico, visava, declaradamente, libertar os objetos da metafísica do "monopólio das Escolas".

O filosofar, desde a Antiguidade, tem acontecido na forma de fragmentos, poemas, diálogos, cartas, ensaios, confissões, meditações, paródias, peripatéticos passeios, acompanhados de infindável comentário, sempre recomeçado, e até os modelos mais clássicos de sistema (Espinosa com sua ética, Hegel com sua lógica, Fichte com sua doutrina-da-ciência) são atingidos nesse próprio estatuto sistemático pelo paradoxo constitutivo que os faz viver. Essa vitalidade da filosofia, em suas múltiplas formas, é denominador comum dos livros desta coleção, que não se pretende disciplinarmente filosófica, mas, justamente, portadora desses grãos de antidogmatismo que impedem o pensamento de enclausurar-se: um convite à liberdade e à alegria da reflexão.

Rubens Rodrigues Torres Filho

Marco Aurélio

MEDITAÇÕES

Seleção, tradução e introdução
William Li

Edição bilíngue

ILUMINURAS

Biblioteca Pólen
Dirigida por Rubens Rodrigues Torres Filho e Márcio Suzuki

Capa
Eder Cardoso / Iluminuras
sobre fragmento de retrato em bronze de Marco Aurélio.
Obra romana, após 170 dC. [fragmento, modificado digitalmente]

Projeto gráfico da coleção
Fê, *Estúdio A garatuja amarela*

Revisão
Milagros Luna
Iluminuras

Este livro segue as novas regras do Acordo Ortográfico da Língua Portuguesa.

CIP-BRASIL. CATALOGAÇÃO NA PUBLICAÇÃO
SINDICATO NACIONAL DOS EDITORES DE LIVROS, RJ
M267m

Marco Aurélio, Imperador de Roma, 121-180
Meditações / Marco Aurélio ; seleção, tradução e introdução William Li.
[2. ed.]. - São Paulo : Iluminuras, 2020.
132 p.

Tradução de: Τὰ εἰς ἑαυτόν
"Edição bilíngue"
ISBN 978-6-555-19068-7

1. Filosofia antiga. 2. Estoicos. I. Li, William. II. Título.

20-66885 CDD: 188
CDU: 1(38)

2020
EDITORA ILUMINURAS LTDA.
Rua Inácio Pereira da Rocha, 389 - 05432-011 - São Paulo - SP - Brasil
Tel. / Fax: 55 11 3031-6161
iluminuras@iluminuras.com.br
www.iluminuras.com.br

Sumário

Ao Marcelo e ao Otavio, pela chance.

INTRODUÇÃO

William Li

VIDA

Marco Aurélio Antonino (121-180 d.C.), o imperador filósofo, marca talvez o apogeu da história do Império Romano. Marco Aurélio nasceu em 26 de abril de 121 em Roma, filho de Ânio Vero e Domícia Lucilla, ambos de família nobre. Seu pai morreu quando ele ainda era criança e Marco foi criado por seu avô Catilius Severus durante o reinado de Adriano, que apreciava muito o jovem Marco e já cogitava em fazê-lo imperador. Marco Aurélio teve durante sua infância e adolescência excelente educação, era de caráter sincero e honesto, e desde cedo foi associado às responsabilidades do governo sem nunca abandonar sua intensa vida interior e atividade filosófica. Estudou primeiro retórica e poesia com Herodes Ático e Cornélio Frontão, foi convertido ao estoicismo por Diogneto e daí por diante dedicou-se à filosofia e ao direito. Dele disse Dion Cássio (71. 3-5 § 6): "Por natureza um bom homem, sua educação e o treinamento moral que ele se impôs tornaram-no melhor ainda." Em 138, ano da morte de Adriano, Antonino Pio foi adotado como herdeiro, com a condição de que ele próprio adotasse Marco Aurélio, que tinha apenas 17 anos, como sucessor. Feito questor neste mesmo ano

e cônsul em 140, Marco Aurélio casou-se em 145 com a própria filha do imperador, Faustina. Desde 146 Marco Aurélio partilhou com Antonino Pio o pro consulado e os poderes tribunatícios e o sucedeu como imperador a 7 de março de 161, tendo adotado por sua vez Lúcio Vero como "César". O reinado de Antonino Pio gozou de grande paz e prosperidade, mas Marco Aurélio teve de enfrentar uma série de turbulências: enchentes, terremotos, epidemias, revoltas na Inglaterra e guerras no Oriente e no Ocidente. No mesmo ano em que se tomou imperador os partos invadiram a Armênia e a guerra durou até 166. Mal comemora o seu triunfo e já em 169 os germanos invadem as províncias do norte. Numa série de campanhas, Marco Aurélio teve de guerrear com os Quados, Marcomanos, Vândalos e Sármatas. Até 174, quando obtém a vitória final, o imperador vive no meio das legiões da Germânia, e faz apenas breves visitas a Roma. Foi nesse período, no meio dos acampamentos e dos legionários, que Marco Aurélio escreveu grande parte de suas *Meditações*. Em 175 o Império é pacificado, mas a imperatriz Faustina morre. Marco Aurélio viaja então para Antioquia, Alexandria e Atenas para estudar filosofia. Mas em 177 as agitações recomeçam: primeiro problemas com os cristãos, cuja teimosia Marco Aurélio não consegue entender, e que são duramente reprimidos em Lyon; em seguida, novas agitações na Germânia, para onde o imperador se dirige e acaba morrendo de peste no Danúbio em março de 180 d.C. Tal foi a vida deste homem que teve um destino privilegiado e que procurou governar o Império Romano segundo a razão universal e os dogmas do estoicismo. Após sua morte, o Império entrará num período de agitações, turbulências e guerras civis que preparam já o seu declínio.

AS MEDITAÇÕES

As *Meditações* — Τὰ εἰς ἑαυτόν ("para si mesmo") — são o diário espiritual de um imperador de Roma. Aos 25 anos, Marco Aurélio abandona os estudos de retórica e abraça o estoicismo, que era a escola filosófica predominante na época. Após ter sido iniciado por Diogneto, estudou com Rusticus e Apolônio, e conheceu também Epicteto, de quem cita alguns aforismos. Cedo habituou-se à meditação e ao exame de consciência, prática que o estoicismo herdou do pitagorismo e que era também grandemente recomendada por Sêneca. Durante toda a vida de Antonino Pio, Marco Aurélio não passava uma noite sem trocar ideias com ele, que lhe foi um guia experiente e sábio. Morto Antonino Pio e feito imperador, Marco Aurélio conheceu a solidão. Ele sentia no entanto a necessidade de continuar se interrogando, de fazer o balanço de suas ações, de tirar uma lição de cada um dos seus atos, de aperfeiçoar-se no estoicismo, cujos princípios devem ser *vividos* (VII. 2), e não simplesmente compreendidos.

Assim nasceram as *Meditações,* obra de um imperador feita para uso próprio e que foram escritas segundo as circunstâncias, sem uma ordem preestabelecida. São escritos de um homem já maduro. A divisão em capítulos não é do próprio Marco Aurélio, ela foi feita para a *editio princeps* (hoje perdida). Provavelmente as *Meditações* foram escritas dia após dia, a respeito de algo que tenha chamado a atenção do imperador após uma fatigante jornada (muitas delas foram escritas durante as campanhas na Germânia), quando ele tinha um momento de repouso para meditar e escrever durante a noite. Às vezes, trata-se apenas de algumas linhas ou

alguma citação, às vezes ele desenvolve algum raciocínio numa página.

Nas *Meditações,* Marco Aurélio não desenvolve sistematicamente nenhuma das teorias estoicas quanto à lógica, física ou ética, que ele pressupõe conhecidas. Trata-se apenas de pequenas reflexões — sobretudo morais — de caráter prático e que deveriam ser postas em prática imediatamente. A maioria delas versa sobre a brevidade da vida, o fluxo incessante do tempo e a instabilidade das coisas humanas — para os quais o único porto seguro é o estoicismo e a sua doutrina da Razão Universal. Não se trata, como no caso de Sêneca, de um tratado para a edificação moral de outras pessoas. Como o próprio título indica, são reflexões "para si mesmo"; e Marco Aurélio está se dirigindo a ele mesmo como estadista e imperador de Roma, e não à humanidade em geral (Cf. V. 3). Assim, nas *Meditações,* Marco Aurélio faz frequentes alusões pessoais de sua posição como imperador e muitas vezes queixa-se da dificuldade de se levar uma vida estoica na corte.

Os temas mais frequentes nas *Meditações* são as reflexões sobre a vacuidade da fama, a brevidade da vida e a proximidade e inevitabilidade da morte, à qual ele faz frequentes alusões e que viu de perto várias vezes nas campanhas em que combateu. Muitas menções são feitas também aos vícios da humanidade, às pessoas que o traíram, que lhe foram ingratas ou cruéis e à futilidade da vida na corte. Sua inclinação pessoal era para os estudos filosóficos, o Império era um fardo para ele, e apesar de sua admiração e gratidão para com Adriano e Antonino Pio, Marco Aurélio nunca quis ser imperador: ele cumpria estoicamente sua função como um dever de Estado. Enquanto os outros homens se desgastavam em suas atividades e ocupações do dia a dia e logo se

esqueciam do tempo que passa, Marco Aurélio procurava renovar suas forças nos preceitos e dogmas do estoicismo, que permitem ao homem compreender sua vida e seu lugar no Universo, e a partir daí encontrar a tranquilidade da alma, a liberdade interior, a serenidade e a verdadeira felicidade. “Lembra-te sempre” é uma frase que ocorre frequentemente nas *Meditações*.

Sendo um imperador de Roma, por que Marco Aurélio teria escrito suas *Meditações* em grego? Em primeiro lugar, era inevitável usar termos técnicos e conceitos do estoicismo, que ainda não tinham uma tradução definitiva em latim. Tanto Cícero quanto Sêneca recorrem muitas vezes a vocábulos gregos para explicar algo que não conseguem traduzir para o latim. O vocabulário filosófico latino ainda estava em formação e a língua filosófica da época ainda era o grego. Além disso, Marco Aurélio não tem a mesma preocupação que tanto Cícero quanto Sêneca demonstram nos prefácios de seus tratados, ou seja, a de criar um vocabulário filosófico latino, mesmo porque as *Meditações* eram reservadas a seu uso pessoal, e não destinadas à publicação. Estas devem ter sido as razões pelas quais Marco Aurélio preferiu escrever em grego.

De tudo o que foi dito seguem-se algumas consequências. Em primeiro lugar, podemos presumir que Marco Aurélio é sincero nas *Meditações,* ele diz realmente o que pensa a respeito de si próprio e dos outros. Em seguida, sua intenção não é prescrever nenhuma regra de conduta a ninguém a não ser a si próprio. Marco Aurélio está preocupado consigo e não pretende corrigir o comportamento dos outros. Ao contrário, ele concentra-se em suas preocupações, defeitos e problemas pessoais. Para os estoicos, ninguém é a rigor um *sapiens,* que é colocado como um ideal; todo homem tem inevitavelmente algum tipo de vício e Marco Aurélio está sempre

muito preocupado com o ambiente cheio de intrigas e corrupto da corte em Roma. Na verdade, ele sentia-se mais à vontade no meio dos legionários em suas campanhas na Germânia, Além disso, Marco Aurélio está especialmente preocupado com seu papel de imperador e procurava seguir os exemplos de Antonino Pio e Augusto quanto à conduta e política imperial. Ele procurava também adotar os ideais tradicionalmente prescritos pelos historiadores e moralistas para um imperador de Roma.

Mas a visão de Marco Aurélio é mais ampla, ele não pensa somente em Roma ou no Império Romano. O estoicismo era uma filosofia cosmopolita, e Marco Aurélio, como filósofo estoico e como imperador pensa na comunidade dos seres racionais, que envolve toda a humanidade bem como os deuses. Ele fala sempre nas *Meditações* numa Razão diretora que congrega todos os homens numa fraternidade universal. Assim, ele procurou reinar devotado aos interesses do estado e da humanidade em geral, tentando por em prática os princípios do estoicismo e coordenar o governo do Império com as leis gerais do Universo e a Razão diretora de todas as coisas.

A leitura do texto de Marco Aurélio não é muito difícil, teoricamente, apesar de ele pressupor algum conhecimento da filosofia estoica. Trata-se, na maior parte, de conselhos práticos que deveriam ser seguidos e de reflexões sobre seu papel como imperador de Roma. Na época de Marco Aurélio imperava a filosofia estoica: as outras escolas estavam em decadência ou já tinham desaparecido. Apenas o epicurismo competia com o estoicismo e Marco Aurélio em algumas das "Meditações" faz alusão à escola rival, sem julgá-la. O maior ponto de controvérsia é a questão do atomismo e do materialismo quase ateu, que

caracteriza o epicurismo. Para os estoicos, o mundo é governado por uma Razão Universal, que é Deus, donde tudo provém e para onde tudo retoma e se recicla. Apesar de nunca entrar em polêmica com os epicuristas, percebemos um desprezo altivo de Marco Aurélio com relação ao atomismo epicurista.

Todos os cronistas concordam em afirmar que Marco Aurélio foi um bom homem e um bom imperador. Suas *Meditações* versam frequentemente sobre o ideal de justiça que um imperador deve ter e os deveres cívicos não só em relação à sua Pátria, mas com relação a si mesmo e ao Universo como um todo. Louvado como um exemplo de virtude e coragem cívica, Marco Aurélio tornou-se um modelo não só para os futuros imperadores de Roma mas também para estadistas como Frederico da Prússia.

O TEXTO

As *Meditações* eram papéis privados do imperador e foram recolhidos após sua morte em 180 por seu amigo de infância, Vitorino que os manteve escondidos. A única menção feita às *Meditações* encontra-se na obra do filósofo pagão Temístio (350 d.C.), e algumas citações aparecem circunstancialmente em Suidas (900 d.C.). A obra de Marco Aurélio sobreviveu sobretudo graças às compilações dos gramáticos bizantinos. De fato, com a queda do Império Romano do Ocidente, os manuscritos foram provavelmente parar em Constantinopla e nos séculos XII e XIII temos várias citações de Marco Aurélio feitas por Tzetzes, Nicéforo Calisto e Planudes. A primeira edição de Marco Aurélio é de 1558, feita em Augsburg, mas hoje está perdida e não sabemos como essa edição

foi preparada. As edições modernas baseiam-se sobretudo no *Codex Vaticanus* (Vat. G. 1950), recolhido pelo Cardeal Barberini no século XVII e no *Codex Palatinus.* Os outros códices trazem apenas trechos ou fragmentos das *Meditações.*

MEDITAÇÕES

Conspectus Siglorum

< > — conjecturas.

† † — texto dúbio (dificuldade de leitura nos manuscritos).

[ ] — prováveis interpolações.

" " — citações ou diálogos.

' ' — citações e provérbios famosos.

ΒΙΒΛΙΟΝ Β'

α'. — Ἕωθεν προλέγειν ἑαυτῷ· συντεύξομαι περιέργῳ, ἀχαρίστῳ, ὑβριστῇ, δολερῷ, βασκάνῳ, ἀκοινωνήτῳ. πάντα ταῦτα συμβέβηκεν ἐκείνοις παρὰ τὴν ἄγνοιαν τῶν ἀγαθῶν καὶ κακῶν. ἐγὼ δὲ τεθεωρηκὼς τὴν φύσιν τοῦ ἀγαθοῦ, ὅτι καλόν, καὶ τοῦ κακοῦ, ὅτι αἰσχρόν, καὶ τὴν αὐτοῦ τοῦ ἁμαρτάνοντος φύσιν, ὅτι μοι συγγενής, οὐχὶ αἵματος ἢ σπέρματος τοῦ αὐτοῦ, ἀλλὰ νοῦ καὶ θείας ἀπομοίρας μέτοχος, οὔτε βλαβῆναι ὑπό τινος αὐτῶν δύναμαι· αἰσχρῷ γάρ με οὐδεὶς περιβαλεῖ· οὔτε ὀργίζεσθαι τῷ συγγενεῖ δύναμαι οὔτε ἀπέχθεσθαι αὐτῷ. γεγόναμεν γὰρ πρὸς συνεργίαν, ὡς πόδες, ὡς χεῖρες, ὡς βλέφαρα, ὡς οἱ στοῖχοι τῶν ἄνω καὶ κάτω ὀδόντων. τὸ οὖν ἀντιπράσσειν ἀλλήλοις παρὰ φύσιν· ἀντιπρακτικὸν δὲ τὸ ἀγανακτεῖν καὶ ἀποστρέφεσθαι.

δ'. — Μέμνησο, ἐκ πόσου ταῦτα ἀναβάλλῃ, καὶ ὁποσάκις προθεσμίας λαβὼν παρὰ τῶν θεῶν οὐ χρᾷ αὐταῖς. δεῖ δὲ ἤδη ποτὲ αἰσθέσθαι, τίνος κόσμου μέρος εἶ, καὶ τίνος διοικοῦντος τὸν κόσμον ἀπόρροια ὑπέστης· καὶ ὅτι ὅρος ἐστί

LIVRO II

1 — Desde o raiar do dia, dize a ti mesmo o seguinte: hoje encontrarei um intrometido, um ingrato, um insolente, um desleal, um invejoso, um egoísta. Tudo isso lhes ocorre porque desconhecem a natureza do bem e do mal. Mas eu, que sei que a natureza do bem é o belo e do mal o vergonhoso e que aquele que erra é também meu irmão — não enquanto carne e sangue, mas como partícipe da mesma razão e do divino — então estas coisas não me afetam, e nem posso ser atingido por nenhum deles. Tampouco me irritarei com eles nem os odiarei; pois fomos criados para cooperar como os dois pés, as mãos, os olhos ou os dentes de cima e de baixo. Agir uns contra os outros como inimigos é contra a Natureza. Ora, a irritação ou a aversão também é uma forma de oposição.

4 — Considera quanto tempo tu jogas fora e como os deuses te dão novas chances e tu não as aproveitas. Já é hora de compreenderes qual é o teu papel no Universo; de que força diretora és uma emanação e qual é o teu limite no tempo. Usa-o, portanto, para

σοι περιγεγραμμένος τοῦ χρόνου, ᾧ ἐὰν εἰς τὸ ἀπαιθριάσαι μὴ χρήσῃ, οἰχήσεται, καὶ οἰχήσῃ, καὶ αὖθις οὐκ ἔξεσται.

ζ'. — Περισπᾷ τί σε τὰ ἔξωθεν ἐμπίπτοντα; καὶ σχολὴν πάρεχε σεαυτῷ τοῦ προσμανθάνειν ἀγαθόν τι, καὶ παῦσαι ῥεμβόμενος. ἤδη δὲ καὶ τὴν ἑτέραν περιφορὰν φυλακτέον. ληροῦσι γὰρ καὶ διὰ πράξεων οἱ κεκμηκότες τῷ βίῳ καὶ μὴ ἔχοντες σκοπόν, ἐφ ὃν πᾶσαν ὁρμὴν καὶ καθάπαξ φαντασίαν ἀπευθύνουσιν.

θ'. — Τούτων ἀεὶ δεῖ μεμνῆσθαι, τίς ἡ τῶν ὅλων φύσις, καὶ τίς ἡ ἐμὴ, καὶ πῶς αὕτη πρὸς ἐκείνην ἔχουσα, καὶ ὁποῖόν τι μέρος ὁποίου τοῦ ὅλου οὖσα˙ καὶ ὅτι οὐδεὶς ὁ κωλύων τὰ ἀκόλουθα τῇ φύσει, ἧς μέρος εἶ, πράσσειν τε ἀεὶ καὶ λέγειν.

ιδ'. — Κἂν τρισχίλια ἔτη βιώσεσθαι μέλλῃς, καὶ τοσαυτάκις μύρια, ὅμως μέμνησο ὅτι οὐδεὶς ἄλλον ἀποβάλλει βίον ἢ τοῦτον ὃν ζῇ˙ οὐδὲ ἄλλον ζῇ ἢ ὃν ἀποβάλλει. εἰς ταὐτὸ οὖν καθίσταται τὸ μήκιστον τῷ βραχυτάτῳ. τὸ γὰρ παρὸν πᾶσιν ἴσον, καὶ τὸ ἀπολλύμενον οὐκ ἴδιον˙ καὶ τὸ ἀποβαλλόμενον οὕτως ἀκαριαῖον ἀναφαίνεται. οὔτε γὰρ τὸ παρῳχηκὸς οὔτε τὸ μέλλον ἀποβάλλοι ἄν τις. ὃ γὰρ οὐκ ἔχει, πῶς ἂν τοῦτό τις αὐτοῦ ἀφέλοιτο; τούτων οὖν τῶν

teu desenvolvimento, ou o tempo passará, tu passarás e nunca mais o terás de volta.

7 — Por que te deixas levar pelas circunstâncias exteriores? Reserva para ti um momento de sossego para apreender a natureza do Bem e refreia tua agitação. Abstém-te também de outro tipo de erro: o daqueles que se ocupam em diversas coisas mas não têm um fim para onde dirigir os seus esforços ou suas ideias.

9 — É preciso sempre lembrar-se destas coisas: qual é a natureza do todo e qual é a minha, como elas se relacionam e quão pequena é a parte que me cabe neste todo e também que ninguém pode te impedir de agir e falar conforme a Natureza, da qual tu fazes parte.

14 — Pudesses tu viver três mil anos ou mesmo trinta mil, lembra-te de que a única vida que um homem pode viver é a que está vivendo no momento presente, e que ele não tem outra vida a não ser a que está perdendo a cada instante. Isto quer dizer que a mais longa vida e a mais curta resultam no mesmo. Pois o momento presente é igual para todos e também o que se perde, e o que já passou não mais nos pertence. Nossa perda, portanto, se limita àquele instante infinitesimal, pois não podemos perder o que já passou nem tampouco

δύο δεῖ μεμνῆσθαι· ἑνὸς μέν, ὅτι πάντα ἐξ ἀιδίου ὁμοειδῆ καὶ ἀνακυκλούμενα, καὶ οὐδὲν διαφέρει πότερον ἐν ἑκατὸν ἔτεσιν ἢ ἐν διακοσίοις ἢ ἐν τῷ ἀπείρῳ χρόνῳ τὰ αὐτά τις ὄψεται· ἑτέρου δέ, ὅτι καὶ ὁ πολυχρονιώτατος καὶ ὁ τάχιστα τεθνηξόμενος τὸ ἴσον ἀποβάλλει. τὸ γὰρ παρόν ἐστὶ μόνον, οὗ στερίσκεσθαι μέλλει, εἴπερ γε ἔχει καὶ τοῦτο μόνον καὶ, ὃ μὴ ἔχει τις, οὐκ ἀποβάλλει.

ιζ′. — Τοῦ ἀνθρωπίνου βίου ὁ μὲν χρόνος, στιγμή, ἡ δὲ οὐσία ῥέουσα, ἡ δὲ αἴσθησις ἀμυδρά, ἡ δὲ ὅλου τοῦ σώματος σύγκρισις εὔσηπτος, ἡ δὲ ψυχὴ ῥόμβος, ἡ δὲ τύχη δυστέκμαρτον, ἡ δὲ φήμη ἄκριτον· συνελόντι δὲ εἰπεῖν, πάντα τὰ μὲν τοῦ σώματος ποταμός, τὰ δὲ τῆς ψυχῆς ὄνειρος καὶ τῦφος· ὁ δὲ βίος πόλεμος καὶ ξένου ἐπιδημία· ἡ δὲ ὑστεροφημία λήθη. τί οὖν τὸ παραπέμψαι δυνάμενον; ἓν καὶ μόνον φιλοσοφία. τοῦτο δὲ ἐν τῷ τηρεῖν τὸν ἔνδον δαίμονα ἀνύβριστον καὶ ἀσινῆ, ἡδονῶν καὶ πόνων κρείσσονα, μηδὲν εἰκῇ ποιοῦντα μηδὲ διεψευσμένως καὶ μεθ᾽ ὑποκρίσεως, ἀνενδεῆ τοῦ ἄλλον ποιῆσαί τι ἢ μὴ ποιῆσαι· ἔτι δὲ τὰ συμβαίνοντα καὶ ἀπονεμόμενα δεχόμενον, ὡς ἐκεῖθέν ποθεν ἐρχόμενα ὅθεν αὐτὸς ἦλθεν· ἐπὶ πᾶσι δὲ τὸν θάνατον ἵλεῳ τῇ γνώμῃ περιμένοντα, ὡς οὐδὲν ἄλλο ἢ λύσιν τῶν στοιχείων ἐξ ὧν ἕκαστον ζῷον συγκρίνεται. εἰ δὲ αὐτοῖς τοῖς στοιχείοις μηδὲν δεινὸν ἐν τῷ ἕκαστον διηνεκῶς εἰς ἕτερον μεταβάλλειν, διὰ τί ὑπίδηταί τις τὴν πάντων μεταβολὴν καὶ διάλυσιν; κατὰ φύσιν γάρ· οὐδὲν δὲ κακὸν κατὰ φύσιν.

o que virá – de fato, como poderíamos perder algo que não está em nossa posse? Portanto, lembra-te sempre destas duas coisas: primeiro, que tudo e todos os ciclos da criação desde o princípio dos tempos seguem o mesmo padrão, e tanto faz assistir ao mesmo espetáculo por cem anos, duzentos ou toda a eternidade; segundo, que quando o homem idoso e o mais jovem morrerem, sua perda será igual, pois perdemos apenas o momento presente, que é a única coisa que possuímos, e ninguém pode perder o que não lhe pertence.

17 — Na vida de um homem, sua duração é um ponto, sua essência um fluxo, seus sentidos um turbilhão, todo o seu corpo algo pronto a apodrecer, sua alma inquietude, seu destino obscuro e sua fama duvidosa. Em resumo, tudo o que é relativo ao corpo é como o fluxo de um rio, e quanto à alma, sonhos e fluidos; a vida é uma luta, uma breve estadia numa terra estranha e a reputação, esquecimento. O que pode, portanto, ter o poder de guiar nossos passos? Somente uma única coisa: a filosofia. E ela consiste em abster-nos de contrariar e ofender o espírito divino que habita em nós, em transcender o prazer e a dor, não fazer nada sem propósito, evitar a falsidade e a dissimulação, não depender das ações dos outros, aceitar o que acontece pois tudo provém de uma mesma fonte e sobretudo aguardar a morte com calma e resignação, pois ela nada mais significa que a dissolução dos elementos pelos quais são formados todos os seres vivos. Se não há nada de terrível para esses elementos em sua contínua transformação, por que então temer as mudanças e a dissolução do todo? Esta é a lei da Natureza. E não pode haver mal algum naquilo que está conforme a Natureza.

ΒΙΒΛΙΟΝ Γ'

α'. — Οὐχὶ τοῦτο μόνον δεῖ λογίζεσθαι ὅτι καθ' ἑκάστην ἡμέραν ἀπαναλίσκεται ὁ βίος καὶ μέρος ἔλαττον αὐτοῦ καταλείπεται· ἀλλὰ κἀκεῖνο λογιστέον ὅτι, εἰ ἐπὶ πλέον βιώῃ τις, ἐκεῖνό γε ἄδηλον, εἰ ἐξαρκέσει ὁμοία αὖθις ἡ διάνοια πρὸς τὴν σύνεσιν τῶν πραγμάτων καὶ τῆς θεωρίας τῆς συντεινούσης εἰς τὴν ἐμπειρίαν τῶν τε θείων καὶ τῶν ἀνθρωπείων. ἐὰν γὰρ παραληρεῖν ἄρξηται, τὸ μὲν διαπνεῖσθαι καὶ τρέφεσθαι καὶ φαντάζεσθαι καὶ ὁρμᾶν καὶ ὅσα ἄλλα τοιαῦτα οὐκ ἐνδεήσει· τὸ δὲ ἑαυτῷ χρῆσθαι, καὶ τοὺς τοῦ καθήκοντος ἀριθμοὺς ἀκριβοῦν, καὶ τὰ προφαινόμενα διαρθροῦν, καὶ περὶ αὐτοῦ τοῦ, εἰ ἤδη ἐξακτέον αὐτὸν, ἐφιστάνειν, καὶ ὅσα τοιαῦτα λογισμοῦ συγγεγυμνασμένου πάνυ χρῄζει, προαποσβέννυται. χρὴ οὖν ἐπείγεσθαι, οὐ μόνον τῷ ἐγγυτέρω τοῦ θανάτου ἑκάστοτε γίνεσθαι, ἀλλὰ καὶ διὰ τὸ τὴν ἐννόησιν τῶν πραγμάτων καὶ τὴν παρακολούθησιν προαπολήγειν.

LIVRO III

1 — Não devemos pensar que a vida se esvai a cada dia e que o que resta é sempre menos, mas também no seguinte: mesmo que se viva por muito tempo, não se pode saber se a inteligência permanecerá a mesma para o entendimento dos fatos e a compreensão das coisas divinas e humanas. Quando o homem fica senil, a respiração, a alimentação, a imaginação, os desejos e todas essas funções permanecerão iguais; no entanto, a capacidade de fazer pleno uso de suas faculdades, de cumprir todos os seus deveres, de analisar com precisão as aparências, de julgar se não está na hora de pôr termo a seus dias aqui na Terra, ou de tomar qualquer outra decisão que requer o pleno uso da razão — tudo isso já lhe escapa. Precisamos, portanto, apressar-nos, não só porque nos aproximamos da morte a cada instante, mas também porque vamos progressivamente perdendo nossa capacidade de conceber as coisas e apreciá-las.

δʹ. — Μὴ κατατρίψῃς τὸ ὑπολειπόμενον τοῦ βίου μέρος ἐν ταῖς περὶ ἑτέρων φαντασίαις, ὁπόταν μὴ τὴν ἀναφορὰν ἐπί τι κοινωφελὲς ποιῇ. ἤτοι γὰρ ἄλλου ἔργου στέρῃ, τουτέστι φανταζόμενος τί ὁ δεῖνα πράσσει καὶ τίνος ἕνεκεν καὶ τί λέγει καὶ τί ἐνθυμεῖται καὶ τί τεχνάζεται καὶ ὅσα τοιαῦτα ποιεῖ ἀπορρέμβεσθαι τῆς τοῦ ἰδίου ἡγεμονικοῦ παρατηρήσεως.

Χρὴ μὲν οὖν καὶ τὸ εἰκῇ καὶ μάτην ἐν τῷ εἱρμῷ τῶν φαντασιῶν περιΐστασθαι, πολὺ δὲ μάλιστα τὸ περίεργον καὶ κακόηθες˙ καὶ ἐθιστέον ἑαυτὸν μόνα φαντάζεσθαι, περὶ ὧν εἴ τις ἄφνω ἐπανέροιτο˙ "Τί νῦν διανοῇ;" μετὰ παρρησίας παραχρῆμα ἂν ἀποκρίναιο, ὅτι τὸ καὶ τό˙ ὡς ἐξ αὐτῶν εὐθὺς δῆλα εἶναι, ὅτι πάντα ἁπλᾶ καὶ εὐμενῆ, καὶ ζῴου κοινωνικοῦ καὶ ἀμελοῦντος ἡδονικῶν ἢ καθάπαξ ἀπολαυστικῶν φαντασμάτων ἢ φιλονεικίας τινὸς ἢ βασκανίας καὶ ὑποψίας ἢ ἄλλου τινὸς ἐφ' ᾧ ἂν ἐρυθριάσειας ἐξηγούμενος, ὅτι ἐν νῷ αὐτὸ εἶχες.

Ὁ γάρ τοι ἀνὴρ ὁ τοιοῦτος, οὐκ ἔτι ὑπερτιθέμενος τὸ ὡς ἐν ἀρίστοις ἤδη εἶναι, ἱερεύς τίς ἐστι καὶ ὑπουργὸς θεῶν, χρώμενος καὶ τῷ ἔνδον ἱδρυμένῳ αὐτῷ, ὃ παρέχεται τὸν ἄνθρωπον ἄχραντον ἡδονῶν, ἄτρωτον ὑπὸ παντὸς πόνου, πάσης ὕβρεως ἀνέπαφον, πάσης ἀναίσθητον πονηρίας, ἀθλητὴν ἄθλου τοῦ μεγίστου, τοῦ ὑπὸ μηδενὸς πάθους καταβληθῆναι, δικαιοσύνῃ βεβαμμένον εἰς βάθος, ἀσπαζόμενον μὲν ἐξ ὅλης τῆς ψυχῆς τὰ συμβαίνοντα καὶ ἀπονεμόμενα πάντα, μὴ πολλάκις δὲ μηδὲ χωρὶς μεγάλης καὶ κοινωφελοῦς ἀνάγκης φανταζόμενον, τί ποτε ἄλλος λέγει ἢ πράσσει ἢ διανοεῖται. μόνα γὰρ τὰ ἑαυτοῦ πρὸς ἐνέργειαν ἔχει, καὶ τὰ ἑαυτῷ ἐκ τῶν ὅλων συγκλωθόμενα

4 — Não desperdices o que resta de tua vida em especulações sobre o que se passa na cabeça dos outros, a menos que tenhas um propósito comum. Ficar imaginando o que este ou aquele está fazendo e por que, ou o que estão dizendo ou pensando ou planejando, tudo isso só te faz afastar de teu guia interior, de tua razão e de teus deveres. É preciso evitar que o fluxo de teus pensamentos se fixe em coisas vãs e sem propósito, especialmente a curiosidade e a futilidade. Um homem deve se acostumar a moldar seu pensamento de tal forma que se alguém lhe perguntar repentinamente: "No que pensas neste momento?", ele possa responder francamente e sem hesitação: "Nisto, ou naquilo", de tal forma que sua resposta demonstre que os seus pensamentos são simples, benignos e dignos de um ser social que não fica pensando apenas nos prazeres sensuais, invejas, ódios, suspeitas e outras coisas que o fariam enrubescer. Um homem que despreza tais coisas e aspira estar entre os melhores é uma espécie de sacerdote e um ministro dos deuses, pois ele está estreitamente ligado à sua divindade interior, que o torna indiferente aos prazeres e às dores, invulnerável ao erro e ao mal. Ele é um competidor na mais árdua das batalhas, aquela que se trava diariamente contra o domínio das paixões; ele está impregnado de justiça, acolhendo de bom grado tudo o que lhe acontece e raramente se pergunta o que os outros estarão dizendo ou fazendo, a não ser que isto tenha um interesse público. Ele apenas cumpre o seu dever e pensa somente na parte que lhe cabe neste universo, cuidando para que suas ações sejam honrosas e convencido de que tudo lhe ocorre para o melhor. Pois o destino de cada homem é tanto condicionado pelo universo como ele também o condiciona. Ele tem em mente

διηνεκῶς ἐννοεῖ· κἀκεῖνα μὲν καλὰ παρέχεται, ταῦτα δὲ ἀγαθὰ εἶναι πέπεισται. ἡ γὰρ ἑκάστῳ νεμομένη μοῖρα συνεμφέρεταί τε καὶ συνεμφέρει.

Μέμνηται δὲ καὶ ὅτι συγγενὲς πᾶν τὸ λογικόν, καὶ ὅτι κήδεσθαι μὲν πάντων ἀνθρώπων κατὰ τὴν τοῦ ἀνθρώπου φύσιν ἐστί· δόξης δὲ οὐχὶ τῆς παρὰ πάντων ἀνθεκτέον ἀλλὰ τῶν ὁμολογουμένως τῇ φύσει βιούντων μόνων. οἱ δὲ μὴ οὕτως βιοῦντες, ὁποῖοί τινες οἴκοι τε καὶ ἔξω τῆς οἰκίας καὶ νύκτωρ καὶ μεθ᾽ ἡμέραν, οἷοι μεθ᾽ οἵων φύρονται, μεμνημένος διατελεῖ. οὐ τοίνυν οὐδὲ τὸν παρὰ τῶν τοιούτων ἔπαινον ἐν λόγῳ τίθεται, οἵγε οὐδὲ αὐτοὶ ἑαυτοῖς ἀρέσκονται.

ε΄. — Μήτε ἀκούσιος ἐνέργει μήτε ἀκοινώνητος μήτε ἀνεξέταστος μήτε ἀνθελκόμενος· μήτε κομψεία τὴν διάνοιάν σου καλλωπιζέτω· μήτεπολυρρήμων μήτε πολυπράγμων ἔσο. ἔτι δὲ ὁ ἐν σοὶ θεὸς ἔστω προστάτης ζῴου ἄρρενος καὶ πρεσβύτου καὶ πολιτικοῦ καὶ Ῥωμαίου καὶ ἄρχοντος ἀνατεταχότος ἑαυτόν, οἷος ἂν εἴη τις περιμένων τὸ ἀνακλητικὸν ἐκ τοῦ βίου εὔλυτος, μήτε ὅρκου δεόμενος μήτε ἀνθρώπου τινὸς μάρτυρος. ἐν δὲ τὸ φαιδρὸν καὶ τὸ ἀπροσδεὲς ἔξωθεν ὑπηρεσίας καὶ τὸ ἀπροσδεὲς ἡσυχίας, ἣν ἄλλοι παρέχουσιν. ὀρθὸν οὖν εἶναι χρή, οὐχὶ ὀρθούμενον.

também o parentesco que existe entre todos os seres racionais; que é conforme a natureza humana preocupar-se com todos os homens e sabe também que não deve seguir as opiniões do mundo, mas somente as daqueles que vivem conforme a Natureza universal. Quanto àqueles que vivem de outra forma, ele não cessa de recordar o caráter que exibem dia e noite, em casa e em público, e o tipo de gente que frequentam; a opinião de tais homens, que a seus próprios olhos sabem que erram, não tem para ele valor algum.

5 — Faze o que tens de fazer de boa vontade, e tendo em vista o bem comum, com deliberação e resolução. E tampouco fantasies demais teus pensamentos. Fala pouco, assume poucos compromissos. Deixa que a divindade que está em ti governe um homem viril e maduro, um estadista, um romano e um comandante que tenha assumido seu posto, como o soldado que espera o sinal para se retirar do campo de batalha da vida com toda prontidão, sem nada que o impeça nem deva satisfação a ninguém. Assim se conserva a serenidade de espírito e não se depende da ajuda de ninguém para a tranquilidade da alma. Devemos ficar de pé sozinhos, e não sermos sustentados.

η′. — Οὐδὲν ἂν ἐν τῇ διανοίᾳ τοῦ κεκολασμένου καὶ ἐκκεκαθαρμένου πυῶδες οὐδὲ μὴν μεμωλυσμένον οὐδὲ ὕπουλον εὕροις. οὐδὲ ἀσυντελῆ τὸν βίον αὐτοῦ ἡ πεπρωμένη καταλαμβάνει, ὡς ἄν τις εἴποι τὸν τραγῳδὸν πρὸ τοῦ τελέσαι καὶ διαδραματίσαι ἀπαλλάσσεσθαι. ἔτι δὲ οὐδὲν δοῦλον οὐδὲ κομψόν, οὐδὲ προσδεδεμένον οὐδὲ ἀπεσχισμένον, οὐδὲ ὑπεύθυνον οὐδὲ ἐμφωλεῦον.

ι′. — Πάντα οὖν ῥίψας, ταῦτα μόνα τὰ ὀλίγα σύνεχε˙ καὶ ἔτι συμμνημόνευε, ὅτι μόνον ζῇ ἕκαστος τὸ παρὸν τοῦτο τὸ ἀκαριαῖον˙ τὰ δὲ ἄλλα ἢ βεβίωται ἢ ἐν ἀδήλῳ. μικρὸν μὲν οὖν ὃ ζῇ ἕκαστος, μικρὸν δὲ τὸ τῆς γῆς γωνίδιον ὅπου ζῇ˙ μικρὸν δὲ καὶ ἡ μηκίστη ὑστεροφημία, καὶ αὕτη δὲ κατὰ διαδοχὴν ἀνθρωπαρίων τάχιστα τεθνηξομένων καὶ οὐκ εἰδότων οὐδὲ ἑαυτούς, οὔτιγε τὸν πρόπαλαι τεθνηκότα.

ιβ′. — Ἐὰν τὸ παρὸν ἐνεργῇς ἑπόμενος τῷ ὀρθῷ λόγῳ ἐσπουδασμένως, ἐρρωμένως, εὐμενῶς, καὶ μηδὲν παρεμπόρευμα, ἀλλὰ τὸν ἑαυτοῦ δαίμονα καθαρὸν ἑστῶτα τηρῇς, ὡς εἰ καὶ ἤδη ἀποδοῦναι δέοι˙ ἐὰν τοῦτο συνάπτῃς μηδὲν περιμένων μηδὲ φεύγων, ἀλλὰ τῇ παρούσῃ κατὰ φύσιν ἐνεργείᾳ καὶ τῇ, ὧν λέγεις καὶ φθέγγῃ, ἡρωϊκῇ ἀληθείᾳ ἀρκούμενος, εὐζωήσεις. ἔστι δὲ οὐδεὶς ὁ τοῦτο κωλῦσαι δυνάμενος.

8 — Na mente de um homem disciplinado e purificado não encontrarás corrupção, poluição ou infecção. A vida de tal homem não estará inacabada quando esta lhe for tomada, como se poderia dizer do ator de uma tragédia que se vai antes que a peça tenha terminado. Não há nada de servil nele, nenhuma afetação, nenhum apego ou desapego em relação aos outros, nenhuma conta a prestar e nada a esconder.

10 — Deixa tudo o mais de lado e apega-te apenas a poucas verdades. E lembra-te de que vivemos apenas o momento presente, este instante infinitesimal, pois todo o restante ou já passou ou ainda é incerto. Esta vida mortal é algo muito pequeno, vivida num pequeno canto do mundo, e pequena é também a maior fama que se possa ter, que depende da memória de homens que perecem rapidamente e não têm noção de suas próprias vidas, quanto mais daqueles que morreram há muito tempo.

12 — Se realizas os teus deveres segundo a reta razão, com zelo e energia e sem levar em conta as pequenas coisas, mantendo a divindade que está em ti sempre pura e reta, como se tivesses que devolvê-la neste mesmo instante; e se além disso nada esperas nem nada evitas, procurando apenas em cada ação que realizas a conformidade com a Natureza e em cada palavra uma verdade digna de um herói, então viverás bem. E nenhum homem há que possa impedir-te de fazer tais coisas.

ιγ΄. — Ὥσπερ οἱ ἰατροὶ ἀεὶ τὰ ὄργανα καὶ σιδήρια πρόχειρα ἔχουσι πρὸς τὰ αἰφνίδια τῶνθεραπευμάτων, οὕτω τὰ δόγματα σὺ ἕτοιμα ἔχε πρὸς τὸ τὰ θεῖα καὶ ἀνθρώπινα εἰδέναι, καὶ πᾶν καὶ τὸ μικρότατον οὕτω ποιεῖν, ὡς τῆς ἀμφοτέρων πρὸς ἄλληλα συνδέσεως μεμνημένον. οὔτε γὰρ ἀνθρώπινόν τι ἄνευ τῆς ἐπὶ τὰ θεῖα συναναφορᾶς εὖ πράξεις οὔτε ἔμπαλιν.

13 — Assim como os cirurgiões têm sempre à mão seus instrumentos e apetrechos para qualquer emergência, tem também teus princípios sempre prontos para a compreensão das coisas divinas e humanas e nunca te esqueças que mesmo nas ações mais triviais estas duas ordens estão intimamente relacionadas. Pois nada de humano pode ser feito sem o divino, e vice versa.

ΒΙΒΛΙΟΝ Δ'

γ'. — Ἀναχωρήσεις αὐτοῖς ζητοῦσιν, ἀγροικίας καὶ αἰγιαλοὺς καὶ ὄρη· εἴωθας δὲ καὶ σὺ τὰ τοιαῦτα μάλιστα ποθεῖν. ὅλον δὲ τοῦτο ἰδιωτικώτατόν ἐστιν, ἐξὸν ἧς ἂν ὥρας ἐθελήσῃς εἰς ἑαυτὸν ἀναχωρεῖν. οὐδαμοῦ γὰρ οὔτε ἡσυχιώτερον οὔτε ἀπραγμονέστερον ἄνθρωπος ἀναχωρεῖ ἢ εἰς τὴν ἑαυτοῦ ψυχήν· μάλισθ' ὅστις ἔχει ἔνδον τοιαῦτα, εἰς ἃ ἐγκύψας ἐν πάσῃ εὐμαρείᾳ εὐθὺς γίνεται· τὴν δὲ εὐμάρειαν οὐδὲν ἄλλο λέγω ἢ εὐκοσμίαν. συνεχῶς οὖν δίδου σεαυτῷ ταύτην τὴν ἀναχώρησιν, καὶ ἀνανέου σεαυτόν· βραχέα δὲ ἔστω καὶ στοιχειώδη, ἃ εὐθὺς ἀπαντήσαντα ἀρκέσει εἰς τὸ πᾶσαν †ἀνίαν ἀποκλύσαι†, καὶ ἀποπέμψαι σε μὴ δυσχεραίνοντα ἐκείνοις, ἐφ' ἃ ἐπανέρχῃ.

Τίνι γὰρ δυσχερανεῖς; τῇ τῶν ἀνθρώπων κακίᾳ; ἀναλογισάμενος τὸ κρῖμα, ὅτι τὰ λογικὰ ζῷα ἀλλήλων ἕνεκεν γέγονε, καὶ ὅτι τὸ ἀνέχεσθαι μέρος τῆς δικαιοσύνης, καὶ ὅτι ἄκοντες ἁμαρτάνουσι, καὶ πόσοι ἤδη διεχθρεύσαντες, ὑποπτεύσαντες, μισήσαντες, διαδορατισθέντες ἐκτέτανται, τετέφρωνται, παύου ποτέ. ἀλλὰ καὶ τοῖς ἐκ τῶν ὅλων ἀπονεμομένοις δυσχεραίνεις; ἀνανεωσάμενος τὸ διεζευγμένον· "Ἤτοι πρόνοια, ἢ ἄτομοι," καὶ ἐξ ὅσων ἀπεδείχθη, ὅτι ὁ

LIVRO IV

3 — Os homens buscam retiro no campo, à beira mar, nas montanhas; e tu também tens frequentemente tais sonhos. Mas tudo isso mostra uma grande ingenuidade, pois a qualquer momento podes retirar-te em ti mesmo. Não se pode encontrar um retiro mais aprazível ou sossegado do que na própria alma, sobretudo para aquele que possui seus princípios em si mesmo, os quais ele precisa apenas revisar para encontrar a paz de espírito — e por isso entendo a boa ordenação da alma. Entrega-te portanto constantemente a esse retiro, e renova-te. Mas tem sempre contigo tuas curtas mas essenciais regras, que te evitarão todo aborrecimento e irritação e te levarão de volta aos deveres que precisas realizar. E afinal, o que te perturba? Os vícios dos homens? Lembra que todos os seres racionais foram feitos uns para os outros, que a tolerância faz parte de justiça e que o mal é involuntário. Pensa nos milhares daqueles que sofreram inimizades, suspeitas, animosidades e conflitos e que agora estão mortos e são pó e cinza, e não te agites mais. Ou por acaso estás descontente com a parte do Universo que te cabe? Lembra-te mais uma vez do dilema: "se não há uma Providência, então apenas um conjunto de átomos", e considera que o mundo é apenas uma

κόσμος ὡσανεὶ πόλις. ἀλλὰ τὰ σωματικά σου ἅψεται ἔτι; ἐννοήσας ὅτι οὐκ ἐπιμίγνυται λείως ἢ τραχέως κινουμένῳ πνεύματι ἡ διάνοια, ἐπειδὰν ἅπαξ ἑαυτὴν ἀπολάβῃ καὶ γνωρίσῃ τὴν ἰδίαν ἐξουσίαν· καὶ λοιπὸν ὅσα περὶ πόνου καὶ ἡδονῆς ἀκήκοας καὶ συγκατέθου.

Ἀλλὰ τὸ δοξάριόν σε περισπάσει; ἀπιδὼν εἰς τὸ τάχος τῆς πάντων λήθης, καὶ τὸ χάος τοῦ ἐφ' ἑκάτερα ἀπείρου αἰῶνος, καὶ τὸ κενὸν τῆς ἀπηχήσεως, καὶ τὸ εὐμετάβολον καὶ ἄκριτον τῶν εὐφημεῖν δοκούντων, καὶ τὸ στενὸν τοῦ τόπου, ἐν ᾧ περιγράφεται. ὅλη τε γὰρ ἡ γῆ στιγμή, καὶ ταύτης πόστον γωνίδιον ἡ κατοίκησις αὕτη; καὶ ἐνταῦθα πόσοι καὶ οἷοί τινες οἱ ἐπαινεσόμενοι;

Λοιπὸν οὖν μέμνησο τῆς ὑποχωρήσεως τῆς εἰς τοῦτο τὸ ἀγρίδιον ἑαυτοῦ· καὶ πρὸ παντὸς μὴ σπῶ μηδὲ κατεντείνου, ἀλλὰ ἐλεύθερος ἔσο καὶ ὅρα τὰ πράγματα ὡς ἀνήρ, ὡς ἄνθρωπος, ὡς πολίτης, ὡς θνητὸν ζῷον. ἐν δὲ τοῖς προχειροτάτοις, εἰς ἃ ἐγκύψεις, ταῦτα ἔστω τὰ δύο. ἓν μέν, ὅτι τὰ πράγματα οὐχ ἅπτεται τῆς ψυχῆς, ἀλλ' ἔξω ἕστηκεν ἀτρεμοῦντα· αἱ δὲ ὀχλήσεις ἐκ μόνης τῆς ἔνδον ὑπολήψεως. ἕτερον δέ, ὅτι πάντα ταῦτα ὅσα ὁρᾷς ὅσον οὐδέπω μεταβάλλει καὶ οὐκ ἔτι ἔσται· καὶ ὅσων ἤδη μεταβολαῖς αὐτὸς παρατετύχηκας, συνεχῶς διανοοῦ. 'ὁ κόσμος, ἀλλοίωσις· ὁ βίος, ὑπόληψις.'

ε'. — Ὁ θάνατος τοιοῦτον, οἷον γένεσις, φύσεως μυστήριον, σύγκρισις ἐκ τῶν αὐτῶν στοιχείων, ⟨διάκρισις⟩ εἰς ταὐτά·

cidade. Preocupas-te ainda com as doenças do corpo? Considera que a mente pode se subtrair ao corpo e apoderar-se de suas próprias faculdades, e não se envolver mais com os movimentos da respiração, sejam eles amenos ou violentos. Enfim, recorda tudo o que aprendeste e aceitaste sobre o prazer e a dor. Ou será a reputação que te aflige? Tem sempre diante dos olhos a rapidez com que as coisas caem no esquecimento, e o abismo do tempo passado e futuro; nota como são vãos os ecos dos aplausos, e falta de discernimento dos admiradores e os estreitos limites da glória humana. Pois toda a terra não é senão um ponto, e a parte dela habitada um ponto menor ainda. E ali, quantos homens irão te aplaudir, e de que espécie? Lembra-te portanto do retiro que podes fazer no pequeno canto que é o teu. Acima de tudo, nada de discussões ou rixas. Sê senhor de ti mesmo e considera a vida como um homem, um cidadão e um ser mortal Dentre as verdades que convém ter sempre em mente, eis estas duas: primeiro, que as coisas exteriores nunca podem tocar tua alma, pois a perturbação provém apenas de dentro; segundo, que tudo o que é visível muda num segundo e já não existe mais. Pensa nas inumeráveis coisas de cujas transformações já foste testemunha e das quais já participaste! O mundo é uma contínua transformação, e a vida não passa de uma opinião.

5 — A morte, assim como o nascimento, é um mistério da Natureza. São os mesmos elementos que foram combinados que entram em

ὅλως δὲ οὐκ ἐφ' ᾧ ἄν τις αἰσχυνθείη· οὐ γὰρ παρὰ τὸ ἑξῆς τῷ νοερῷ ζῴῳ οὐδὲ παρὰ τὸν λόγον τῆς παρασκευῆς.

ι'. — Ὅτι πᾶν τὸ συμβαῖνον δικαίως συμβαίνει· ὃ, ἐὰν ἀκριβῶς παραφυλάσσῃς, εὑρήσεις· οὐ λέγω μόνον κατὰ τὸ ἑξῆς, ἀλλ' ὅτι κατὰ τὸ δίκαιον καὶ ὡς ἂν ὑπό τινος ἀπονέμοντος τὸ κατ' ἀξίαν. παραφύλασσε οὖν, ὡς ἤρξω· καί, ὅ τι ἂν ποιῇς, σὺν τούτῳ ποίει, σὺν τῷ ἀγαθὸς εἶναι, καθ' ὃ νενόηται ἰδίως ὁ ἀγαθός. τοῦτο ἐπὶ πάσης ἐνεργείας σῷζε.

ιγ'. — Λόγον ἔχεις; "ἔχω." τί οὖν οὐ χρᾷ; τούτου γὰρ τὸ ἑαυτοῦ ποιοῦντος τί ἄλλο θέλεις;

ιδ'. — Ἐνυπέστης ὡς μέρος. ἐναφανισθήσῃ τῷ γεννήσαντι· μᾶλλον δὲ ἀναληφθήσῃ εἰς τὸν λόγον αὐτοῦ τὸν σπερματικὸν κατὰ μεταβολήν.

ιε'. — Πολλὰ λιβανωτοῦ βωλάρια ἐπὶ τοῦ αὐτοῦ βωμοῦ· τὸ μὲν προκατέπεσεν, τὸ δέ ὕστερον· διαφέρει δ' οὐδέν.

dissolução. Nada a respeito deles deve ocasionar temor, pois isto está conforme à condição de ser racional e ao plano da criação.

10 — Tudo o que acontece, acontece com justiça. Se consideras com discernimento, verás que é verdade. E na ordem dos acontecimentos, as coisas não ocorrem apenas segundo a causa e o efeito, mas segundo a justiça, como se alguém dispensasse as sortes segundo o mérito de cada um. Continua, portanto, a observar o que fazes, como já começastes a fazer, ou seja, ser um homem de bem e seguir os princípios de um homem de bem. Segue esta regra em tudo o que fizeres.

13 — Tens a razão? — Sim. Então por que não fazes uso dela? Se a utilizas, que mais pode te faltar?

14 — Tu és uma parte num todo. Desaparecerás naquilo que te deu nascimento ou então te transmutarás mais uma vez na Razão geradora do Universo.

15 — Muitos grãos de incenso caem no mesmo altar, alguns antes, outros depois — e isto não faz a menor diferença.

κς′. — Ἑώρακας ἐκεῖνα; ἴδε καὶ ταῦτα. σεαυτὸν μὴ τάρασσε· ἅπλωσον σεαυτόν. ἁμαρτάνει τις; ἑαυτῷ ἁμαρτάνει. συμβέβηκέ σοί τι; καλῶς· ἐκ τῶν ὅλων ἀπ' ἀρχῆς σοι συγκαθείμαρτο καὶ συνεκλώθετο πᾶν τὸ συμβαῖνον. τὸ δ' ὅλον, βραχὺς ὁ βίος· κερδαντέον τὸ παρὸν σὺν εὐλογιστίᾳ καὶ δίκῃ. νῆφε ἀνειμένος.

λβ′. — Ἐπινόησον λόγου χάριν τοὺς ἐπὶ Οὐεσπασιανοῦ καιρούς, ὄψει ταῦτα πάντα· γαμοῦντας, παιδοτροφοῦντας, νοσοῦντας, ἀποθνῄσκοντας, πολεμοῦντας, ἑορτάζοντας, ἐμπορευομένους, γεωργοῦντας, κολακεύοντας, αὐθαδιζομένους, ὑποπτεύοντας, ἐπιβουλεύοντας. ἀποθανεῖν τινας εὐχομένους, γογγύζοντας ἐπὶ τοῖς παροῦσιν, ἐρῶντας, θησαυρίζοντας, ὑπατείας, βασιλείας ἐπιθυμοῦντας. οὐκοῦν ἐκεῖνος μὲν ὁ τούτων βίος οὐκ ἔτι οὐδαμοῦ.

Πάλιν ἐπὶ τοὺς καιροὺς τοὺς Τραϊανοῦ μετάβηθι· πάλιν τὰ αὐτὰ πάντα· τέθνηκε κἀκεῖνος ὁ βίος. ὁμοίως καὶ τὰς ἄλλας ἐπιγραφὰς χρόνων καὶ ὅλων ἐθνῶν ἐπιθεώρει, καὶ βλέπε πόσοι κατενταθέντες μετὰ μικρὸν ἔπεσον καὶ ἀνελύθησαν εἰς τὰ στοιχεῖα. μάλιστα δὲ ἀναπολητέον ἐκείνους, οὓς αὐτὸς ἔγνως κενὰ σπωμένους, ἀφέντας ποιεῖν τὸ κατὰ τὴν ἰδίαν κατασκευὴν καὶ τούτου ἀπρὶξ ἔχεσθαι καὶ τούτῳ ἀρκεῖσθαι. ἀναγκαῖον δὲ ὧδε τὸ μεμνῆσθαι, ὅτι καὶ ἡ ἐπιστροφὴ καθ' ἑκάστην πρᾶξιν ἰδίαν ἀξίαν ἔχει καὶ συμμετρίαν. οὕτως γὰρ οὐκ ἀποδυσπετήσεις, ἐὰν μὴ ἐπὶ πλέον ἢ προσῆκε περὶ τὰ ἐλάσσω καταγίνῃ.

26 — Vistes aquelas coisas ali? Agora vê estas. Fica calmo, sê simples. Alguém está fazendo algo de errado? É contra si mesmo. Alguma coisa te aconteceu? Pois bem, tudo o que te acontece era tua parte no destino, designado a ti desde o princípio dos tempos. Em suma, a vida é breve; é preciso aproveitar o momento presente, segundo a razão e a justiça. Mas se escapas delas, que seja com sobriedade.

32 — Considera, por exemplo, a época de Vespasiano, e o que vês? Homens e mulheres se casando, criando família, ficando doentes, morrendo, guerreando, banqueteando-se, fazendo comércio, cultivando, bajulando, sendo arrogantes, invejando, amaldiçoando, murmurando contra o presente, amando, enriquecendo, ambicionando o poder. De todas essas vidas perdidas, nada sobreviveu. Passa agora à época de Trajano: de novo é a mesma coisa; as mesmas cenas, e tudo desapareceu. Considera da mesma maneira os relatos de outras épocas e povos e nota como, após terem se extenuado em seus pequenos afazeres, todos dissolveram-se nos elementos. E sobretudo pensa naqueles que tu próprio conheceste e que seguiram suas vaidades e deixaram de lado os deveres para os quais foram criados. Em tais casos é necessário lembrar-nos de que a busca de cada objetivo é proporcional ao seu valor. Mas não te desencorajes muito se te devotas a coisas que não têm grande importância.

λζ'. — Ἤδη τεθνήξῃ, καὶ οὔπω οὔτε ἁπλοῦς, οὔτε ἀτάραχος, οὔτε ἀνύποπτος τοῦ βλαβῆναι ἂν ἔξωθεν, οὔτε ἵλεως πρὸς πάντας, οὔτε τὸ φρονεῖν ἐν μόνῳ τῷ δικαιοπραγεῖν τιθέμενος.

μ'. — Ὡς ἓν ζῷον τὸν κόσμον μίαν οὐσίαν καὶ ψυχὴν μίαν ἐπέχον συνεχῶς ἐπινοεῖν· καὶ πῶς εἰς αἴσθησιν μίαν τὴν τούτου πάντα ἀναδίδοται· καὶ πῶς ὁρμῇ μιᾷ πάντα πράσσει· καὶ πῶς πάντα πάντων τῶν γινομένων συναίτια· καὶ οἷα τις ἡ σύννησις καὶ συμμήρυσις.

μα'. — "Ψυχάριον εἶ βαστάζον νεκρόν," ὡς Ἐπίκτητος ἔλεγεν.

μγ'. — Ποταμός τίς ἐκ τῶν γινομένων καὶ ῥεῦμα βίαιον ὁ αἰών· ἅμα τε γὰρ ὤφθη ἕκαστον καὶ παρενήνεκται, καὶ ἄλλο παραφέρεται, τὸ δὲ ἐνεχθήσεται.

μδ'. — Πᾶν τὸ συμβαῖνον οὕτως σύνηθες καὶ γνώριμον, ὡς τὸ ῥόδον ἐν τῷ ἔαρι καὶ ὀπώρα ἐν τῷ θέρει· τοιοῦτον γὰρ

37 — Logo estarás morto, e mesmo assim ainda não aprendeste a ser simples, calmo e certo de que nada do exterior poderá te afetar, nem és caridoso nem estás persuadido de que o único bem é a prática da justiça.

40 — Considera sempre que o Universo é um organismo vivo, que possui uma única substância e uma única alma; e que todas as coisas estão submetidas a uma só percepção deste todo; que tudo é movido por um único impulso e tudo toma parte em tudo o que acontece. E repara quão intrincada e complexa é essa trama.

41 — Como dizia Epicteto: "tu és uma pequenina alma levando em si um cadáver".

43 — O tempo é como um rio, um fluxo eterno de todos os seres vivos. Assim que algo acontece logo passa e outra coisa sobrevém, e logo passará também.

44 — Tudo o que acontece é tão banal e esperado quanto a rosa na primavera ou o fruto no verão; assim são a doença, a morte,

καὶ νόσος καὶ θάνατος καὶ βλασφημία καὶ ἐπιβουλὴ καὶ ὅσα τοὺς μωροὺς εὐφραίνει ἢ λυπεῖ.

μζʹ. — Ὥσπερ εἴ τίς σοι θεῶν εἶπεν, ὅτι αὔριον τεθνήξῃ ἢ πάντως γε εἰς τρίτην, οὐκ ἔτ' ἂν παρὰ μέγα ἐποιοῦ τὸ εἰς τρίτην μᾶλλον ἢ αὔριον, εἴ γε μὴ ἐσχάτως ἀγεννὴς εἶ· ⟨πόσον γάρ ἐστι τὸ μεταξύ;⟩ οὕτως καὶ τὸ εἰς πολλοστὸν ἔτος μᾶλλον ἢ αὔριον μηδὲν μέγα εἶναι νόμιζε.

a calúnia, a traição e tudo o que causa prazer ou aflição aos insensatos.

47 — Se algum deus te dissesse que morrerias amanhã ou depois de amanhã, não darias grande importância quanto à data, a menos que fosses o mais imbecil dos homens, pois qual é a diferença entre elas? Da mesma forma, não creias que morrer daqui a muitos anos ou amanhã faz grande diferença.

ΒΙΒΛΙΟΝ Ε'

γ'. — Ἄξιον ἑαυτὸν κρῖνε παντὸς λόγου καὶ ἔργου τοῦ κατὰ φύσιν· καὶ μή σε περισπάτω ἡ ἐπακολουθοῦσά τινων μέμψις ἢ λόγος, ἀλλά, εἰ καλὸν πεπρᾶχθαι ἢ εἰρῆσθαι, μὴ σεαυτὸν ἀπαξίου. ἐκεῖνοι μὲν γὰρ ἴδιον ἡγεμονικὸν ἔχουσι καὶ ἰδίᾳ ὁρμῇ χρῶνται· ἃ σὺ μὴ περιβλέπου, ἀλλ' εὐθεῖαν πέραινε ἀκολουθῶν τῇ φύσει τῇ ἰδίᾳ καὶ τῇ κοινῇ· μία δὲ ἀμφοτέρων τούτων[ἡ] ὁδός.

δ'. — Πορεύομαι διὰ τῶν κατὰ φύσιν, μέχρι πεσὼν ἀναπαύσομαι, ἐναποπνεύσας μὲν τούτῳ, ἐξ οὗ καθ' ἡμέραν ἀναπνέω, πεσὼν δὲ ἐπὶ τούτῳ, ἐξ οὗ καὶ τὸ σπερμάτιον ὁ πατήρ μου συνέλεξε καὶ τὸ αἱμάτιον ἡ μήτηρ καὶ τὸ γαλάκτιον ἡ τροφός· ἐξ οὗ καθ' ἡμέραν τοσούτοις ἔτεσι βόσκομαι, καὶ ἀρδεύομαι, ὃ φέρει με πατοῦντα, καὶ εἰς τοσαῦτα ἀποχρώμενον αὐτῷ.

LIVRO V

3 — Julga que está em teu poder pronunciar cada palavra e realizar cada ação de acordo com a Natureza. Não te deixes persuadir pelas críticas ou comentários dos outros; se há alguma coisa de bom para ser feito ou dito, nunca renuncies ao teu direito de fazê-lo. Os que te criticam têm sua própria razão e seu próprio guia interior, e eles seguem seus próprios impulsos. Não consideres as suas opiniões, toma teu reto caminho e segue a tua própria natureza e a Natureza universal, pois as duas seguem o mesmo caminho.

4 — Vou percorrendo os caminhos fixados pela Natureza, até que eu caia e repouse, e devolva o meu sopro vital a este ar que respiro diariamente e seja envolvido por esta terra de onde meu pai tirou a semente, minha mãe o sangue e minha ama o leite; e que me dá diariamente meu alimento e minha bebida e me sustenta, enquanto estou nesta marcha, e recolho tamanha variedade de coisas.

ε'. — Δριμύτητά σου οὐκ ἔχουσι θαυμάσαι. ἔστω· ἀλλὰ ἕτερα πολλά, ἐφ' ὧν οὐκ ἔχεις εἰπεῖν "Οὐ γὰρ πέφυκα." ἐκεῖνα οὖν παρέχου, ἅπερ ὅλα ἐστὶν ἐπὶ σοί, τὸ ἀκίβδηλον, τὸ σεμνόν, τὸ φερέπονον, τὸ ἀφιλήδονον, τὸ ἀμεμψίμοιρον, τὸ ὀλιγοδεές, τὸ εὐμενές, τὸ ἐλεύθερον, τὸ ἀπέρισσον, τὸ ἀφλύαρον, τὸ μεγαλεῖον. οὐκ αἰσθάνῃ πόσα ἤδη παρέχεσθαι δυνάμενος, ἐφ' ὧν οὐδεμία ἀφυΐας καὶ ἀνεπιτηδειότητος πρόφασις, ὅμως ἔτι κάτω μένεις ἑκών; ἢ καὶ γογγύζειν, καὶ γλισχρεύεσθαι, καὶ κολακεύειν, καὶ τὸ σωμάτιον καταιτιᾶσθαι, καὶ ἀρεσκεύεσθαι, καὶ περπερεύεσθαι, καὶ τοσαῦτα ῥιπτάζεσθαι τῇ ψυχῇ διὰ τὸ ἀφυῶς κατεσκευάσθαι ἀναγκάζῃ; οὔ, μὰ τοὺς θεούς. ἀλλὰ τούτων μὲν πάλαι ἀπηλλάχθαι ἐδύνασο· μόνον δέ, εἰ ἄρα, ὡς βραδύτερος καὶ δυσπαρακολουθητότερος καταγινώσκεσθαι· καὶ τοῦτο δὲ ἀσκητέον μὴ παρενθυμουμένῳ μηδὲ ἐμφιληδοῦντι τῇ νωθείᾳ.

ζ'. — Εὐχὴ Ἀθηναίων· "Ὗσον, ὗσον, ὦ φίλε Ζεῦ, κατὰ τῆς ἀρούρας τῆς Ἀθηναίων καὶ τῶν πεδίων." ἤτοι οὐ δεῖ εὔχεσθαι ἢ οὕτως ἁπλῶς καὶ ἐλευθέρως.

θ'. — Μὴ σικχαίνειν μηδὲ ἀπαυδᾶν μηδὲ ἀποδυσπετεῖν, εἰ μὴ καταπυκνοῦταί σοι τὸ ἀπὸ δογμάτων ὀρθῶν ἕκαστα πράσσειν· ἀλλὰ ἐκκρουσθέντα πάλιν ἐπανιέναι καὶ ἀσμε-

5 — Não te admirarão nunca a elegância? Que seja. Mas há muitas outras qualidades para as quais não estás mal dotado: cultiva-as, portanto, pois elas dependem apenas de ti. Tais são a sinceridade, a gravidade, a perseverança, a sobriedade, a aceitação do destino, a frugalidade, a consideração para com os outros, a franqueza, a simplicidade, a seriedade, a grandeza da alma. Não sentes que podes adquirir todas essas qualidades a qualquer momento? Não podes alegar nenhuma incapacidade natural e falta de disposição para elas, e no entanto ainda estás aquém do possível. E quando murmuras contra a vida, quando te deixas levar pela bajulação, quando recriminas o corpo, a quem procuras agradar, quando divagas, quando mudas constantemente de temperamento, tudo isso é culpa da Natureza? Pelos deuses, é claro que não! Poderias ter te livrado desses vícios já há muito tempo, e permanecido apenas com tua certa vagarosidade e uma lentidão em fixar a atenção — mas mesmo essas coisas podem ser corrigidas com a prática se não fores indulgente com elas.

7 — Prece dos atenienses: "Faz chover, faz chover ó caro Zeus sobre as planícies de Atenas". As preces não deveriam ser feitas de forma alguma, a menos que fossem francas e ingênuas como esta.

9 — Não te desencorajes, não te desanimes nem fiques desesperado se uma vez ou outra não consegues agir de acordo com os princípios corretos. Retoma ao ataque após cada queda e te dá por satisfeito

νίζειν, εἰ τὰ πλείω ἀνθρωπικώτερα, καὶ φιλεῖν τοῦτο, ἐφ' ὃ ἐπανέρχῃ· καὶ μὴ ὡς πρὸς παιδαγωγὸν τὴν φιλοσοφίαν ἐπανιέναι· ἀλλ' ὡς οἱ ὀφθαλμιῶντες πρὸς τὸ σπογγάριον καὶ τὸ ὠόν, ὡς ἄλλος πρὸςκατάπλασμα, ὡς πρὸς καταιόνησιν. οὕτως γὰρ οὐδὲν ἐπιδείξῃ τὸ πειθαρχεῖν τῷ λόγῳ, ἀλλὰ προσαναπαύσῃ αὐτῷ. μέμνησο δὲ, ὅτι φιλοσοφία μόνα θέλει, ἡ φύσις σου θέλει· σὺ δὲ ἄλλο ἤθελες οὐ κατὰ φύσιν. "Τί γὰρ τούτωνπροσηνέστερον;" ἡ γὰρ ἡδονὴ οὐχὶ διὰ τοῦτο σφάλλει; ἀλλὰ θέασαι, εἰ προσηνέστερον μεγαλοψυχία, ἐλευθερία, ἁπλότης, εὐγνωμοσύνη, ὁσιότης. αὐτῆς γὰρ φρονήσεως τί προσηνέστερον; ὅταν τὸ ἄπταιστον, καὶ εὔρουν ἐν πᾶσι τῆς παρακολουθητικῆς καὶ ἐπιστημονικῆς δυνάμεως ἐνθυμηθῇς;

ια'. — "Πρὸς τί ποτε ἄρα νῦν χρῶμαι τῇ ἐμαυτοῦ ψυχῇ;" παῤ ἕκαστα τοῦτο ἐπανερωτᾶν ἑαυτὸν, καὶ ἐξετάζειν, τί μοί ἐστι νῦν ἐν τούτῳ τῷ μορίῳ, ὃ δὴ ἡγεμονικὸν καλοῦσι; καὶ τίνος ἄρα νῦν ἔχω ψυχήν; μήτι παιδίου; μήτι μειρακίου; μήτι γυναικαρίου; μήτι τυράννου; μήτι κτήνους; μήτι θηρίου;

ιδ'. — Ὁ λόγος καὶ ἡ λογικὴ τέχνη δυνάμεις εἰσὶν ἑαυταῖς ἀρκούμεναι καὶ τοῖς καθ' ἑαυτὰς ἔργοις. ὁρμῶνται μὲν οὖν ἀπὸ τῆς οἰκείας ἀρχῆς, ὁδεύουσι δὲ εἰς τὸ προκείμενον τέλος· καθ' ὃ κατορθώσεις αἱ τοιαῦται πράξεις ὀνομάζονται τὴν ὀρθότητα τῆς ὁδοῦ σημαίνουσαι.

se na maioria dos casos levas uma vida digna de um homem. Mas mantém um vínculo firme com teus princípios, e não recorras à filosofia como simples aluno, mas como o doente da vista que recorre ao ovo e à esponja ou como algum outro que precisa de um cataplasma ou da loção. Assim, não estarás te afastando da Razão, mas a realizarás. Tem também em mente que a filosofia só quer o que a Natureza quer, enquanto que tu estavas querendo algo contrário à Natureza. "E não estava sendo agradável seguir aquilo?" — tal é, com efeito, a sedução do prazer. Pois bem, considera se estas coisas são agradáveis: a grandeza da alma, a simplicidade, a bondade, a piedade. E enfim, quando pensas na precisão e segurança que proporcionam os processos da razão, podes encontrar algo mais agradável?

11 — Que uso farei dos recursos de minha alma? Examina-te a este respeito a cada instante e pergunta-te "Como se portará esta parte de mim mesmo que é meu guia interior e que faz parte de minha alma? Como uma criança, um rapaz, uma mulher, um tirano, um animal de carga ou uma besta feroz?".

14 — A razão e a técnica do raciocínio são faculdades autossuficientes no que concerne aos seus métodos. Elas têm seu ponto de partida nelas mesmas, e caminham direto para seu objetivo. Eis porque ações desse tipo recebem o nome de "retidão", pois não se desviam do caminho proposto.

ις'. — Οἷα ἂν πολλάκις φαντασθῇς, τοιαύτη σοι ἔσται ἡ διάνοια· βάπτεται γὰρ ὑπὸ τῶν φαντασιῶν ἡ ψυχή. βάπτε οὖν αὐτὴν τῇ συνεχείᾳ τῶν τοιούτων φαντασιῶν· οἷον ὅτι, ὅπου ζῆν ἐστιν, ἐκεῖ καὶ εὖ ζῆν· ἐν αὐλῇ δὲ ζῆν ἐστιν· ἔστιν ἄρα καὶ εὖ ζῆν ἐν αὐλῇ. καὶ πάλιν ὅτι οὗπερ ἕνεκεν ἕκαστον κατεσκεύασται, [πρὸς ὃ δὲ κατεσκεύασται,] πρὸς τοῦτο φέρεται· πρὸς ὃ φέρεται δέ, ἐν τούτῳ τὸ τέλος αὐτοῦ· ὅπου δὲ τὸ τέλος, ἐκεῖ καὶ τὸ συμφέρον καὶ τἀγαθὸν ἑκάστου· τὸ ἄρα ἀγαθὸν τοῦ λογικοῦ ζῴου κοινωνία. ὅτι γὰρ πρὸς κοινωνίαν γεγόναμεν, πάλαι δέδεικται. ἢ οὐκ ἦν ἐναργὲς ὅτι τὰ χείρω τῶν κρειττόνων ἕνεκεν, τὰ δὲ κρείττω ἀλλήλων; κρείττω δὲ τῶν μὲν ἀψύχων τὰ ἔμψυχα, τῶν δὲ ἐμψύχων τὰ λογικά.

ιη'. — Οὐδὲν οὐδενὶ συμβαίνει, ὃ οὐχὶ πέφυκε φέρειν. ἄλλῳ τὰ αὐτὰ συμβαίνει καὶ ἤτοι ἀγνοῶν ὅτι συμβέβηκεν, ἢ ἐπιδεικνύμενος μεγαλοφροσύνην εὐσταθεῖ καὶ ἀκάκωτος μένει. δεινὸν οὖν ἄγνοιαν καὶ ἀρέσκειαν ἰσχυροτέρας εἶναι φρονήσεως.

κγ'. — Πολλάκις ἐνθυμοῦ τὸ τάχος τῆς παραφορᾶς καὶ ὑπεξαγωγῆς τῶν ὄντων καὶ γινομένων. ἥ τε γὰρ οὐσία οἷον ποταμὸς ἐν διηνεκεῖ ῥύσει· καὶ αἱ ἐνέργειαι ἐν συνεχέσι μεταβολαῖς, καὶ τὰ αἴτια ἐν μυρίαις τροπαῖς, καὶ σχεδὸν οὐδὲν ἑστώς, καὶ † τὸ πάρεγγυς τόδε ἄπειρον τοῦ παρῳχηκότος

16 — Sua inteligência será tal qual são suas ideias habituais, pois a alma se impregna de tais ideias. Impregna, pois, a tua alma de ideias tais como estas: onde é possível viver, é possível viver bem. Pode-se viver na corte, portanto até ali é possível viver bem. E ainda esta: cada ser é levado a seu fim em vista do qual ele foi criado. E aquilo para o que ele foi criado é o seu fim, e o fim de cada coisa é o seu interesse e seu bem. Ora, o bem de um ser racional é viver em sociedade. Há muito tempo foi demonstrado que fomos feitos para viver em sociedade. Pois não é evidente que os seres inferiores foram feitos para os superiores, e estes uns para os outros? Ora, os seres animados são superiores aos inanimados, e os racionais superiores aos seres vivos.

18 — Nada acontece a um homem que ele não seja naturalmente capaz de suportar. As mesmas coisas acontecem a algum outro, quer ele as ignore ou faça grande estardalhaço, ele permanece firme e não sofre mal algum. É espantoso como a ignorância e a vaidade possam ser mais fortes que a sabedoria!

23 — Considera frequentemente a rapidez com a qual as coisas e os eventos passam e desaparecem. A substância é como um rio em perpétuo movimento, suas ações são sempre cambiantes, suas causas mudam incessantemente e não há quase nada de estável, enquanto que está bem próximo o abismo do futuro e do passado,

† καὶ μέλλοντος ἀχανές, ᾧ πάντα ἐναφανίζεται. πῶς οὖν οὐ μωρὸς ὁ ἐν τούτοις φυσώμενος ἢ σπώμενος ἢ σχετλιάζων † ὡς ἔν τινι χρόνῳ καὶ ἐπὶ μακρὸν ⟨ἂν⟩ ἐνοχλήσαντι; †

κζʹ. — Συζῆν θεοῖς. συζῇ δὲ θεοῖς ὁ συνεχῶς δεικνὺς αὐτοῖς τὴν ἑαυτοῦ ψυχὴν ἀρεσκομένην μὲν τοῖς ἀπονεμομένοις, ποιοῦσαν δέ, ὅσα βούλεται ὁ δαίμων, ὃν ἑκάστῳ προστάτην καὶ ἡγεμόνα ὁ Ζεὺς ἔδωκεν, ἀπόσπασμα ἑαυτοῦ. οὗτος δέ ἐστιν ὁ ἑκάστου νοῦς καὶ λόγος.

no qual todas as coisas se perdem. Desta forma, como não seria louco aquele que se envaidece ou se lamenta, como se o tempo de sua emoção significasse grande coisa?

27 — Vive com os deuses. Pois viver com os deuses é mostrar-lhes a toda hora uma alma satisfeita com o que lhe é atribuído, cumprindo todos os desejos da divindade interior, que Zeus deu a todos como partícula de si mesmo. E tais são o espírito e a razão.

ΒΙΒΛΙΟΝ Ϛ'

α'. — Ἡ τῶν ὅλων οὐσία εὐπειθὴς καὶ εὐτρεπής· ὁ δὲ ταύτην διοικῶν λόγος οὐδεμίαν ἐν ἑαυτῷ αἰτίαν ἔχει τοῦ κακοποιεῖν· κακίαν γὰρ οὐκ ἔχει οὐδέ τι κακῶς ποιεῖ οὐδὲ βλάπτεταί τι ὑπ' ἐκείνου. πάντα δὲ κατ' ἐκεῖνον γίνεται καὶ περαίνεται.

γ'. — Ἔσω βλέπε· μηδενὸς πράγματος μήτε ἡ ἰδία ποιότης μήτε ἡ ἀξία παρατρεχέτω σε.

δ'. — Πάντα τὰ ὑποκείμενα τάχιστα μεταβαλεῖ, καὶ ἤτοι ἐκθυμιαθήσεται, εἴπερ ἥνωται ἡ οὐσία, ἢ σκεδασθήσεται.

ε'. — Ὁ διοικῶν λόγος οἶδε, πῶς διακείμενος, καὶ τί ποιεῖ καὶ ἐπὶ τίνος ὕλης.

LIVRO VI

1 — A matéria do Universo é submissa e dócil e a Razão que a controla não tem nenhum motivo para agir mal, pois ela não comporta maldade e não faz mal a ninguém e nada recebe dela mal algum. Ora, tudo nasce e se cumpre segundo seus desígnios.

3 — Considera as coisas além das aparências e não deixes escapar de nenhuma delas sua qualidade intrínseca nem seu valor.

4 — Se a substância é una, tudo o que vemos se transformará por sublimação, caso contrário tudo se dispersará.

5 — A Razão que tudo governa conhece perfeitamente as condições, o propósito e a matéria de sua atividade.

ζʹ. — Ἑνὶ τέρπου καὶ προσαναπαύου, τῷ ἀπὸ πράξεως κοινωνικῆς μεταβαίνειν ἐπὶ πρᾶξιν κοινωνικὴν σὺν μνήμῃ θεοῦ.

ηʹ. — Τὸ ἡγεμονικόν ἐστι τὸ ἑαυτὸ ἐγεῖρον καὶ τρέπον καὶ ποιοῦν μὲν ἑαυτὸ, οἷον ἂν καὶ θέλῃ, ποιοῦν δὲ ἑαυτῷ φαίνεσθαι πᾶν τὸ συμβαῖνον, οἷον αὐτὸ θέλει.

ιʹ. — Ἤτοι κυκεὼν καὶ ἀντεμπλοκὴ καὶ σκεδασμὸς ἢ ἕνωσις καὶ τάξις καὶ πρόνοια. εἰ μὲν οὖν τὰ πρότερα, τί καὶ ἐπιθυμῶ εἰκαίῳ συγκρίματι καὶ φυρμῷ τοιούτῳ ἐνδιατρίβειν; τί δέ μοι καὶ μέλει ἄλλου τινὸς ἢ τοῦ ὅπως ποτὲ "αἶα γίνεσθαι";

ιαʹ. — Ὅταν ἀναγκασθῇς ὑπὸ τῶν περιεστηκότων οἱονεὶ διαταραχθῆναι, ταχέως ἐπάνιθι εἰς ἑαυτὸν καὶ μὴ ὑπὲρ τὰ ἀναγκαῖα ἐξίστασο τοῦ ῥυθμοῦ· ἔσῃ γὰρ ἐγκρατέστερος τῆς ἁρμονίας τῷ συνεχῶς εἰς αὐτὴν ἐπανέρχεσθαι.

7 — Que uma só coisa seja tua alegria e conforto: passar de um serviço à comunidade para outro, tendo a divindade sempre em vista.

8 — A razão diretora é esta parte que desperta e dirige a si mesma e que se modifica; e ela não só pode fazer o que quer mas também vê sob seu ângulo qualquer acontecimento.

10 — Ou (o mundo) é desordem, coesão e dispersão ou então união, ordem, providência. Na primeira hipótese, por que desejaria eu prolongar minha estadia nesse conjunto à mercê do acaso e de uma tal confusão? Por que deveria me preocupar com outra coisa senão de como "tornar-se terra um dia"? (Hom. ll. VII 99)

11 — Quando a força das circunstâncias te deixa desamparado, recobra depressa o autocontrole e não te mantenhas fora de ordem mais que o necessário. O costume de estar em harmonia aumentará tua adesão a ela.

ιζ΄. — Ἄνω, κάτω, κύκλῳ φοραὶ τῶν στοιχείων. ἡ δὲ τῆς ἀρετῆς κίνησις ἐν οὐδεμιᾷ τούτων, ἀλλὰ θειότερόν τι καὶ ὁδῷ δυσεπινοήτῳ προϊοῦσα εὐοδεῖ.

κα΄. — Εἴ τίς με ἐλέγξαι καὶ παραστῆσαί μοι, ὅτι οὐκ ὀρθῶς ὑπολαμβάνω ἢ πράσσω, δύναται, χαίρων μεταθήσομαι· ζητῶ γὰρ τὴν ἀλήθειαν, ὑφ' ἧς οὐδεὶς πώποτε ἐβλάβη. βλάπτεται δὲ ὁ ἐπιμένων ἐπὶ τῆς ἑαυτοῦ ἀπάτης καὶ ἀγνοίας.

κβ΄. — Ἐγὼ τὸ ἐμαυτοῦ καθῆκον ποιῶ· τὰ ἄλλα με οὐ περισπᾷ· ἤτοι γὰρ ἄψυχα ἢ ἄλογα, ἢ πεπλανημένα καὶ τὴν ὁδὸν ἀγνοοῦντα.

κδ΄. — Ἀλέξανδρος ὁ Μακεδὼν καὶ ὁ ὀρεωκόμος αὐτοῦ ἀποθανόντες εἰς ταὐτὸ κατέστησαν· ἤτοι γὰρ ⟨ἀν⟩ελήφθησαν εἰς τοὺς αὐτοὺς τοῦ κόσμου σπερματικοὺς λόγους ἢ διεσκεδάσθησαν ὁμοίως εἰς τὰς ἀτόμους.

17 — Em cima, em baixo e em volta giram os elementos em seus cursos. Mas a virtude não possui nenhum desses elementos. Ela é algo de divino e segue serenamente seu curso, que é difícil de ser concebido.

21 — Se alguém me mostrar e me provar que estou errado em pensamento ou conduta, de bom grado mudarei. Pois eu busco a verdade, que nunca prejudicou a ninguém. O que prejudica é persistir no erro e na ignorância.

22 — Eu cumpro o meu dever. Nada mais me distrai, pois ou são objetos inanimados ou irracionais, ou seres enganados, que não conhecem seu caminho .

24 — Tanto Alexandre da Macedônia como seu cavalariço tiveram o mesmo destino com a morte: ou foram reabsorvidos no mesmo princípio gerador do Universo ou se dispersaram entre os átomos.

κη΄. — Θάνατος ἀνάπαυλα αἰσθητικῆς ἀντιτυπίας καὶ ὁρμητικῆς νευροσπαστίας καὶ διανοητικῆς διεξόδου καὶ τῆς πρὸς τὴν σάρκα λειτουργίας.

λ΄. — Ὅρα, μὴ 'ἀποκαισαρωθῇς,' μὴ βαφῇς· γίνεται γάρ. τήρησον οὖν σεαυτὸν ἁπλοῦν, ἀγαθόν, ἀκέραιον, σεμνόν, ἄκομψον, τοῦ δικαίου φίλον, θεοσεβῆ, εὐμενῆ, φιλόστοργον, ἐρρωμένον πρὸς τὰ πρέποντα ἔργα. ἀγώνισαι, ἵνα τοιοῦτος συμμείνῃς, οἷόν σε ἠθέλησε ποιῆσαι φιλοσοφία. αἰδοῦ θεούς, σῷζε ἀνθρώπους. βραχὺς ὁ βίος· εἷς καρπὸς τῆς ἐπιγείου ζωῆς, διάθεσις ὁσία καὶ πράξεις κοινωνικαί.

Πάντα ὡς Ἀντωνίνου μαθητής· τὸ ὑπὲρ τῶν κατὰ λόγον πρασσομένων εὔτονον ἐκείνου, καὶ τὸ ὁμαλὲς πανταχοῦ, καὶ τὸ ὅσιον, καὶ τὸ εὔδιον τοῦ προσώπου, καὶ τὸ μειλίχιον, καὶ τὸ ἀκενόδοξον, καὶ τὸ περὶ τὴν κατάληψιν τῶν πραγμάτων φιλότιμον· καὶ ὡς ἐκεῖνος οὐκ ἄν τι ὅλως παρῆκε, μὴ πρότερον εὖ μάλα κατιδὼν καὶ σαφῶς νοήσας· καὶ ὡς ἔφερεν ἐκεῖνος τοὺς ἀδίκως αὐτὸν μεμφομένους μὴ ἀντιμεμφόμενος· καὶ ὡς ἐπ' οὐδὲν ἔσπευδεν· καὶ ὡς διαβολὰς οὐκ ἐδέχετο· καὶ ὡς ἀκριβὴς ἦν ἐξεταστὴς ἠθῶν καὶ πράξεων· καὶ οὐκ ὀνειδιστής, οὐ ψοφοδεής, οὐχ ὑπόπτης, οὐ σοφιστής· καὶ ὡς ὀλίγοις ἀρκούμενος, οἷον οἰκήσει, στρωμνῇ, ἐσθῆτι, τροφῇ, ὑπηρεσίᾳ· καὶ ὡς φιλόπονος καὶ μακρόθυμος· καὶ οἷος μέν⟨ειν⟩ ἐν τῷ ⟨αὐτῷ⟩ μέχρι ἑσπέρας διὰ τὴν λιτὴν δίαιταν μηδὲ τοῦ ἀποκρίνειν τὰ περιττώματα παρὰ τὴν συνήθη ὥραν χρῄζων· καὶ τὸ βέβαιον καὶ ὅμοιον

28 — A morte é o repouso onde cessam as impressões dos sentidos, os movimentos do instinto, as divagações do pensamento e a escravidão da carne.

30 — Cuidado em te portares como monarca absoluto ou impregnares-te de tua posição, pois isso acontece com frequência. Mantém-te simples, bom e puro; grave, natural, amigo da justiça, piedoso, benevolente, afetuoso e resoluto no cumprimento de teus deveres. Esforça-te ao máximo para seres aquilo que a filosofia recomenda. Reverencia os deuses, socorre os homens. Breve é a vida. E o único bem que podemos retirar dela são as boas disposições e as ações tendo em vista o bem social. Em tudo, mostra-te um discípulo de Antonino. Imita sua constância nas tarefas bem calculadas, sua equanimidade em todas as ações, sua piedade, serenidade e mansuetude, sua, indiferença com relação à glória e seu empenho no trabalho; e, também o modo como ele não deixava nenhuma questão até que estivesse bem entendida e resolvida; como ele suportava as críticas sem rebatê-las; como ele nunca se apressava e nem acolhia a calúnia; como ele considerava de perto o caráter e as ações; como ele não humilhava ninguém; como ele evitava a agitação, as suspeitas e o charlatanismo; como ele se contentava com pouco com relação à sua casa, seu dormitório, suas vestes, sua mesa e o serviço doméstico; como ele era laborioso e paciente a ponto de poder permanecer quieto no mesmo lugar desde a manhã até a noite graças a seu regime simples e a rejeição do supérfluo. Lembra-te também da solidez e constância de suas amizades; de como ele

ἐν ταῖς φιλίαις αὐτοῦ· καὶ τὸ ἀνέχεσθαι ⟨τῶν⟩ ἀντιβαινόντων παρρησιαστικῶς ταῖς γνώμαις αὐτοῦ, καὶ χαίρειν, εἴ τίς δεικνύοι κρεῖττον· καὶ ὡς θεοσεβὴς χωρὶς δεισιδαιμονίας· ἵν' οὕτως εὐσυνειδήτῳ σοι ἐπιστῇ ἡ τελευταία ὥρα, ὡς ἐκείνῳ.

λα'. — Ἀνάνηφε καὶ ἀνακαλοῦ σεαυτὸν, καὶ ἐξυπνισθεὶς πάλιν καὶ ἐννοήσας, ὅτι ὄνειροί σοι ἠνώχλουν, πάλιν ἐγρηγορὼς βλέπε ταῦτα, ὡς ἐκεῖνα ἔβλεπες.

λβ'. — Ἐκ σωματίου εἰμὶ καὶ ψυχῆς. τῷ μὲν οὖν σωματίῳ πάντα ἀδιάφορα· οὐδὲ γὰρ δύναται διαφέρεσθαι. τῇ δὲ διανοίᾳ ἀδιάφορα, ὅσα μή ἐστιν αὐτῆς ἐνεργήματα· ὅσα δέ γε αὐτῆς ἐστιν ἐνεργήματα, ταῦτα πάντα ἐπ' αὐτῇ ἐστιν. καὶ τούτων μέντοι περὶ μόνον τὸ παρὸν πραγματεύεται· τὰ γὰρ μέλλοντα καὶ παρῳχηκότα ἐνεργήματα αὐτῆς καὶ αὐτὰ ἤδη ἀδιάφορα.

λγ'. — Οὐκ ἔστιν ὁ πόνος τῇ χειρὶ οὐδὲ τῷ ποδὶ παρὰ φύσιν, μέχρις ἂν ποιῇ ὁ ποῦς τὰ τοῦ ποδὸς καὶ ἡ χεὶρ τὰ τῆς χειρός. οὕτως οὖν οὐδὲἀνθρώπῳ, ὡς ἀνθρώπῳ, παρὰ

permitia que contrariassem abertamente as suas opiniões; de como ele se contentava quando alguém lhe sugeria algo melhor; de como ele era religioso e sem superstições. Lembra-te de tudo isso a fim de ter uma consciência tão clara quanto a dele quando vier tua última hora.

31 — Volta aos teus verdadeiros sentidos, chama o teu verdadeiro ser, desperta de teu sono, que eram apenas sonhos que te perturbavam, vê doravante as coisas com os olhos bem abertos e atenta para o que descobrem teus novos olhos.

32 — Eu sou composto de corpo e alma. Para o corpo todas as coisas são indiferentes, pois ele é incapaz de discernir. Quanto à alma, tudo o que não pertence à sua atividade própria lhe é indiferente, e estas coisas estão sob seu controle. E ainda assim ela só se preocupa com o momento presente, pois as coisas passadas bem como as futuras são no momento indiferentes.

33 — O trabalho dos pés e das mãos não estão contra a Natureza, uma vez que o pé cumpre a função do pé e a mão a sua própria. Da mesma forma o homem, enquanto homem, não faz um trabalho

φύσιν ἐστὶν ὁ πόνος, μέχρις ἂν ποιῇ τὰ τοῦ ἀνθρώπου. εἰ δὲ παρὰ φύσιν αὐτῷ οὐκ ἔστιν, οὐδὲ κακόν ἐστιν αὐτῷ.

λϛʹ. — Ἡ Ἀσία, ἡ Εὐρώπη γωνίαι τοῦ κόσμου˙ πᾶν πέλαγος σταγὼν τοῦ κόσμου˙ Ἄθως βωλάριον τοῦ κόσμου˙ πᾶν τὸ ἐνεστὼς τοῦ χρόνου στιγμὴ τοῦ αἰῶνος. πάντα μικρά, εὔτρεπτα, ἐναφανιζόμενα.

Πάντα ἐκεῖθεν ἔρχεται, ἀπ' ἐκείνου τοῦ κοινοῦ ἡγεμονικοῦ ὁρμήσαντα ἢ κατ' ἐπακολούθησιν. καὶ τὸ χάσμα οὖν τοῦ λέοντος καὶ τὸ δηλητήριον καὶ πᾶσα κακουργία, ὡς ἄκανθα, ὡς βόρβορος, ἐκείνων ἐπιγεννήματα τῶν σεμνῶν καὶ καλῶν. μὴ οὖν αὐτὰ ἀλλότρια τούτου, οὗ σέβεις, φαντάζου˙ ἀλλὰ τὴν πάντων πηγὴν ἐπιλογίζου.

ληʹ. — Πολλάκις ἐνθυμοῦ τὴν ἐπισύνδεσιν πάντων τῶν ἐν τῷ κόσμῳ καὶ σχέσιν πρὸς ἄλληλα. τρόπον γάρ τινα πάντα ἀλλήλοις ἐπιπέπλεκται, καὶ πάντα κατὰ τοῦτο φίλα ἀλλήλοις ἐστίν˙ καὶ γὰρ ἄλλῳ ἄλλο ἑξῆς ἐστι ταῦτα διὰ τὴν τονικὴν κίνησιν καὶ σύμπνοιαν καὶ τὴν ἕνωσιν τῆς οὐσίας.

λθʹ. — Οἷς συγκεκλήρωσαι πράγμασι, τούτοις συνάρμοζε σεαυτόν˙ καὶ οἷς συνείληχας ἀνθρώποις, τούτους φίλει, ἀλλ' ἀληθινῶς.

contra a Natureza quando ele realiza a sua tarefa. E se o que ele faz não é contrário à sua natureza, isto não lhe traz nenhum mal.

36 — Tanto a Ásia quanto a Europa são pequenos cantos do Universo; todo o oceano não passa de uma gota, um Athos, um fragmento do Universo; e o presente, um ponto na eternidade. Tudo é pequeno, instável e prestes a desaparecer. Mas tudo provém do alto e é movido pelo grande princípio diretor comum a todos os seres, diretamente ou como consequência. Portanto a goela escancarada do leão, o veneno e tudo o que faz mal, como os espinhos e o lodo são consequência de algo que é em si nobre e belo. Não penses portanto que estas coisas não participam Daquilo que tu reverencias, mas considera a fonte de onde provêm todas as coisas.

38 — Pensa sempre no liame que une todas as coisas no Universo e em sua mútua dependência. Todas as coisas estão interligadas umas com as outras e por esta razão vinculam-se por laços de amizade, pois elas estão em relação umas com as outras devido à unidade de todas as substâncias.

39 — Harmoniza-te com as coisas que te foram dadas e ama sinceramente as pessoas que o destino te deu por companheiras.

μγ΄. — Μήτι ὁ ἥλιος τὰ τοῦ ὑετοῦ ἀξιοῖ ποιεῖν; μή τι ὁ Ἀσκληπιὸς τὰ τῆς Καρποφόρου; τί δὲ τῶν ἄστρων ἕκαστον; οὐχὶ διάφορα μέν, συνεργὰ δὲ πρὸς ταὐτόν;

μδ΄. — Εἰ μὲν οὖν ἐβουλεύσαντο περὶ ἐμοῦ καὶ τῶν ἐμοὶ συμβῆναι ὀφειλόντων οἱ θεοί, καλῶς ἐβουλεύσαντο· ἄβουλον γὰρ θεὸν οὐδὲ ἐπινοῆσαι ῥᾴδιον· κακοποιῆσαι δέ με διὰ τίνα αἰτίαν ἔμελλον ὁρμᾶν; τί γὰρ αὐτοῖς ἢ τῷ κοινῷ, οὗ μάλιστα προνοοῦνται, ἐκ τούτου περιεγένετο; εἰ δὲ μὴ ἐβουλεύσαντο κατ᾽ ἰδίαν περὶ ἐμοῦ, περί γε τῶν κοινῶν πάντως ἐβουλεύσαντο, οἷς κατ᾽ ἐπακολούθησιν καὶ ταῦτα συμβαίνοντα ἀσπάζεσθαι καὶ στέργειν ὀφείλω. εἰ δ᾽ ἄρα περὶ μηδενὸς βουλεύονται (πιστεύειν μὲν οὐχ ὅσιον), ἢ μηδὲ θύωμεν μηδὲ εὐχώμεθα μηδὲ ὀμνύωμεν μηδὲ τὰ ἄλλα πράσσωμεν, ἅπερ ἕκαστα ὡς πρὸς παρόντας καὶ συμβιοῦντας τοὺς θεοὺς πράσσομεν. εἰ δὲ ἄρα περὶ μηδενὸς τῶν καθ᾽ ἡμᾶς βουλεύονται, ἐμοὶ μὲν ἔξεστι περὶ ἐμαυτοῦ βουλεύεσθαι· ἐμοὶ δέ ἐστι σκέψις περὶ τοῦ συμφέροντος. συμφέρει δὲ ἑκάστῳ, τὸ κατὰ τὴν ἑαυτοῦ κατασκευὴν καὶ φύσιν· ἡ δὲ ἐμὴ φύσις λογικὴ καὶ πολιτική· πόλις καὶ πατρὶς ὡς μὲν Ἀντωνινῳ μοι ἡ Ῥώμη, ὡς δὲ ἀνθρώπῳ ὁ κόσμος. τὰ ταῖς πόλεσιν οὖν ταύταις ὠφέλιμα μόνα ἐστί μοι ἀγαθά.

με΄. — Ὅσα ἑκάστῳ συμβαίνει, ταῦτα τῷ ὅλῳ συμφέρει· ἤρκει τοῦτο. ἀλλ᾽ ἔτι ἐκεῖνο ὡς ἐπίπαν ὄψει παραφυλάξας,

43 — Faz o solo papel da chuva? Ou Asclépio o de Deméter? E o que dizer dos astros? Não são eles todos diferentes, embora colaborem para uma mesma obra?

44 — Se os deuses deliberam a meu respeito e com o que vai me acontecer, então eles deliberaram bem, pois é difícil conceber a divindade deliberar sem razão. E depois, que lucro ela teria em querer meu mal? Qual seria o ganho, quer a ela ou ao Universo, que é sua principal preocupação? Mesmo que. Ela não pense particularmente em mim, pelo menos preocupa-se com o Universo; e eu devo acolher e me manter bem disposto com relação a tudo o que me acontece. E se eles não se preocupam conosco — coisa ímpia de se crer — para que faríamos sacrifícios, preces, orações e todas as outras ações pelas quais reconhecemos a presença dos deuses em nosso meio? E mesmo assim, se for verdade que eles não se preocupam com nossos assuntos mortais, eu ainda sou capaz de tomar conta de mim mesmo e zelar pelos meus interesses; e o interesse de cada criatura é a conformidade com a sua própria constituição e com sua natureza. Ora, minha natureza é racional e cívica; eu tenho uma cidade e um país; como Marco, tenho Roma, e como homem tenho o Universo. Por consequência, o que é benéfico para estas duas entidades é o único bem para mim.

45 — Tudo o que acontece a cada um de nós é útil para o todo, e isto basta. Observa que na maioria dos casos, se prestares atenção,

ὅσα ἀνθρώπῳ, καὶ ἑτέροις ἀνθρώποις. κοινότερον δὲ νῦν τὸ συμφέρον ἐπὶ τῶν μέσων λαμβανέσθω.

μζʹ. — Ἐννόει συνεχῶς παντοίους ἀνθρώπους καὶ παντοίων μὲν ἐπιτηδευμάτων, παντοδαπῶν δὲ ἐθνῶν, τεθνεῶτας· ὥστε κατιέναι τοῦτο μέχρι Φιλιστίωνος καὶ Φοίβου καὶ Ὀριγανίωνος. μέτιθι νῦν ἐπὶ τὰ ἄλλα φῦλα. ἐκεῖ δὴ μεταβαλεῖν ἡμᾶς δεῖ, ὅπου τοσοῦτοι μὲν δεινοὶ ῥήτορες, τοσοῦτοι δὲ σεμνοὶ φιλόσοφοι, Ἡράκλειτος, Πυθαγόρας, Σωκράτης· τοσοῦτοι δὲ ἥρωες πρότερον, τοσοῦτοι δὲ ὕστερον στρατηγοί, τύραννοι· ἐπὶ τούτοις δὲ Εὔδοξος, Ἵππαρχος, Ἀρχιμήδης, ἄλλαι φύσεις ὀξεῖαι, μεγαλόφρονες, φιλόπονοι, πανοῦργοι, αὐθάδεις, αὐτῆς τῆς ἐπικήρου καὶ ἐφημέρου τῶν ἀνθρώπων ζωῆς χλευασταί, οἷον Μένιππος καὶ ὅσοι τοιοῦτοι. περὶ πάντων τούτων ἐννόει, ὅτι πάλαι κεῖνται. τί οὖν τοῦτο δεινὸν αὐτοῖς; τί δαὶ τοῖς μηδ᾽ ὀνομαζομένοις ὅλως; Ἓν ὧδε πολλοῦ ἄξιον, τὸ μετ᾽ ἀληθείας καὶ δικαιοσύνης εὐμενῆ τοῖς ψεύσταις καὶ ἀδίκοις διαβιοῦν.

μηʹ. — Ὅταν εὐφρᾶναι σεαυτὸν θέλῃς, ἐνθυμοῦ τὰ προτερήματα τῶν συμβιούντων· οἷον τοῦ μὲν τὸ δραστήριον, τοῦ δὲ τὸ αἰδῆμον, τοῦ δὲ τὸ εὐμετάδοτον, ἄλλου δὲ ἄλλο τι. οὐδὲν γὰρ οὕτως εὐφραίνει, ὡς τὰ ὁμοιώματα τῶν

tudo o que é útil a um homem também o é a outros homens. Tomemos a palavra “útil” em seu sentido comum, quando as coisas são moralmente indiferentes.

47 — Considera sem cessar os homens de todas as espécies, de todas as profissões e de todas as classes e que agora estão mortos. Recua até a época de Filistion, Feboe Origânio. Pensa agora nas outras raças. É preciso que nos transportemos para onde estão tantos oradores e graves filósofos: Heráclito, Pitágoras, Sócrates e tantos heróis antes deles e tantos generais e tiranos depois. Acrescenta ainda Eudoxo, Hiparco, Arquimedes e outros espíritos profundos, espíritos nobres, devotados ao trabalho, e que desconsideravam a transitoriedade e a brevidade desta vida mortal, como Menino e sua escola. A respeito deles, considera que já estão mortos há muito tempo. E em que isso lhes afeta? E que dizer daqueles que nem nomeamos? Em suma, eis a única coisa que vale a pena: é passar a vida na sinceridade e justiça e até mesmo querer o bem aos mentirosos e injustos.

48 — Quando quiseres manter sentimentos cordiais, considera as virtudes de teus companheiros, como por exemplo, a atividade de um, a reserva de outro, a liberalidade de um terceiro, e de outro, alguma outra qualidade. Nada nos dá maior alegria do que estes

ἀρετῶνἐμφαινόμενα τοῖς ἤθεσι τῶν συζώντων καὶ ἀθρόα ὡς οἷόν τε συμπίπτοντα. διὸ καὶ πρόχειρα αὐτὰ ἑκτέον.

να΄. — Ὁ μὲν φιλόδοξος ἀλλοτρίαν ἐνέργειαν ἴδιον ἀγαθὸν ὑπολαμβάνει, ὁ δὲ φιλήδονος ἰδίαν πεῖσιν· ὁ δὲ νοῦν ἔχων ἰδίαν πρᾶξιν.

νγ΄. — Ἔθισον σεαυτὸν πρὸς τῷ ὑφ' ἑτέρου λεγομένῳ γίνεσθαι ἀπαρενθυμήτως καὶ ὡς οἷόν τε ἐν τῇ ψυχῇ τοῦ λέγοντος γίνου.

νδ΄. — Τὸ τῷ σμήνει μὴ συμφέρον οὐδὲ τῇ μελίσσῃ συμφέρει.

νς΄. — Πόσοι, μεθ' ὧν εἰσῆλθον εἰς τὸν κόσμον, ἤδη ἀπεληλύθασιν.

νη΄. — Κατὰ τὸν λόγον τῆς σῆς φύσεως βιοῦν σε οὐδεὶς κωλύσει· παρὰ τὸν λόγον τῆς κοινῆς φύσεως οὐδέν σοι συμβήσεται.

exemplos de virtude, quando ela se manifesta na conduta de teus companheiros e se apresentam a ti. Por isso, mantém-nos perto de ti.

51 — O homem ambicioso encontra seu bem na atividade dos outros; o voluptuoso em suas sensações, e o homem inteligente em seus próprios atos.

53 — Habitua-te a prestar a maior atenção ao que te dizem e penetra tanto quanto possível na alma daquele que fala.

54 — O que não é bom para a colmeia não pode sê-lo para a abelha.

56 — Quantos homens que entraram contigo neste mundo já não terão partido!

58 — Ninguém te impedirá de viver segundo a razão de tua natureza e nada te acontecerá que viole a razão da Natureza Universal.

ΒΙΒΛΙΟΝ Ζ’

α′. — Τί ἐστι κακία; τοῦτ’ ἔστιν, ὃ πολλάκις εἶδες. καὶ ἐπὶ παντὸς δὲ τοῦ συμβαίνοντος πρόχειρον ἔχε, ὅτι τοῦτό ἐστιν ὃ πολλάκις εἶδες. ὅλως ἄνω κάτω τὰ αὐτὰ εὑρήσεις, ὧν μεσταὶ αἱ ἱστορίαι αἱ παλαιαί, αἱ μέσαι, αἱ ὑπόγυιοι· ὧν νῦν μεσταὶ αἱ πόλεις καὶ ⟨αἱ⟩ οἰκίαι. οὐδὲν καινόν· πάντα καὶ συνήθη καὶ ὀλιγοχρόνια.

δ′. — Δεῖ κατὰ λέξιν παρακολουθεῖν τοῖς λεγομένοις, καὶ καθ’ ἑκάστην ὁρμὴν τοῖς γινομένοις. καὶ ἐπὶ μὲν τοῦ ἑτέρου εὐθὺς ὁρᾶν, ἐπὶ τίνα σκοπὸν ἡ ἀναφορά. ἐπὶ δὲ τοῦ ἑτέρου παραφυλάσσειν, τί τὸ σημαινόμενον.

ε′. — Πότερον ἐξαρκεῖ ἡ διάνοιά μου πρὸς τοῦτο ἢ οὔ; εἰ μὲν ἐξαρκεῖ, χρῶμαι αὐτῇ πρὸς τὸ ἔργον, ὡς ὀργάνῳ παρὰ τῆς τῶν ὅλων φύσεως δοθέντι. εἰ δὲ μὴ ἐξαρκεῖ, ἤτοι παραχωρῶ

LIVRO VII

1 — O que é afinal o vício? Tu já o viste com frequência. Portanto, quanto a tudo o que te acontece, lembra-te do seguinte: é algo que já viste muitas vezes. Em suma, tanto no alto como em baixo encontrarás as mesmas cenas, das quais estão repletas as histórias antigas, intermediárias e contemporâneas. E também nas cenas que enchem ainda hoje nossas cidades e nossas casas. Nada há de novo. Tudo é banal e efêmero.

4 — É preciso seguir literalmente aquilo que se diz; e a cada impulso, o seu resultado. No último caso é preciso antes ver a que resultado leva determinado impulso; e no primeiro, é preciso estar atento para o sentido das palavras.

5 — Minha capacidade é suficiente para tal tarefa ou não? Se ela for suficiente, sirvo-me dela para executar meu trabalho, como de um instrumento dado pela Natureza Universal. Se não for, ou eu cedo a

τοῦ ἔργου τῷ δυναμένῳ κρεῖττον ἐπιτελέσαι, ἐὰν ἄλλως τοῦτό μὴ καθήκῃ, ἢ πράσσω, ὡς δύναμαι, προσπαραλαβὼν τὸν δυνάμενον κατὰ πρόσχρησιν τοῦ ἐμοῦ ἡγεμονικοῦ ποιῆσαι τὸ εἰς τὴν κοινωνίαν νῦν καίριον καὶ χρήσιμον. ὅ τι γὰρ ἂν δι' ἐμαυτοῦ ἢ σὺν ἄλλῳ ποιῶ, ὧδε μόνον χρὴ συντείνειν, εἰς τὸ κοινῇ χρήσιμον καὶ εὐάρμοστον.

ς'. — Ὅσοι μὲν πολυύμνητοι γενόμενοι ἤδη λήθῃ παραδέδονται˙ ὅσοι δὲ τούτους ὑμνήσαντες πάλαι ἐκποδών.

ζ'. — Μὴ αἰσχύνου βοηθούμενος˙ πρόκειταί γάρ σοι ἐνεργεῖν τὸ ἐπιβάλλον ὡς στρατιώτῃ ἐν τειχομαχίᾳ. τί οὖν, ἐὰν σὺ μὲν χωλαίνων ἐπὶ τὴν ἔπαλξιν ἀναβῆναι μόνος μὴ δύνῃ, σὺν ἄλλῳ δὲ δυνατὸν ᾖ τοῦτο;

η'. — Τὰ μέλλοντα μὴ ταρασσέτω˙ ἥξεις γὰρ ἐπ' αὐτά, ἐὰν δεήσῃ, φέρων τὸν αὐτὸν λόγον, ᾧ νῦν πρὸς τὰ παρόντα χρᾷ.

tarefa para quem sabe realizá-la bem (a menos que as circunstâncias o impeçam), ou eu a realizo da melhor maneira associando-me a alguém que é capaz de levá-la a cabo e com a ajuda de meu princípio diretor, tendo em vista o que é apropriado e útil à comunidade. Quer eu faça algo só ou com a ajuda de alguém, devo sempre buscar este fim: o que é útil à comunidade e que está conforme ela.

6 — Quantos que eram aclamados no passado caíram agora no esquecimento; e quantos, dentre os que aclamavam, também já desapareceram.

7 — Não te envergonhes de ser ajudado. Tu deves é fazer a tua tarefa, como o soldado que assalta a muralha: Que farias se estivesses ferido impedindo-te de alcançar as ameias se não tivesses o auxílio de um colega?

8 — Que o futuro não te perturbe. Tu chegarás lá, se for preciso, levando contigo a mesma razão da qual te serves agora para as tarefas presentes.

θ'. — Πάντα ἀλλήλοις ἐπιπλέκεται καὶ ἡ σύνδεσιςἱερά, καὶ σχεδόν τι οὐδὲν ἀλλότριον ἄλλο ἄλλῳ. συγκατατέτακται γὰρ καὶ συγκοσμεῖ τὸν αὐτὸν κόσμον. κόσμος τε γὰρ εἷς ἐξ ἁπάντων, καὶ θεὸς εἷς διὰ πάντων, καὶ οὐσία μία, καὶ νόμος εἷς, λόγος κοινὸς πάντων τῶν νοερῶν ζῴων, καὶ ἀλήθεια μία˙ εἴγε καὶ τελειότης μία τῶν ὁμογενῶν καὶ τοῦ αὐτοῦ λόγου μετεχόντων ζῴων.

ι'. — Πᾶν τὸ ἔνυλον ἐναφανίζεται τάχιστα τῇ τῶν ὅλων οὐσίᾳ˙ καὶ πᾶν αἴτιον εἰς τὸν τῶν ὅλων λόγον τάχιστα ἀναλαμβάνεται˙ καὶ παντὸς μνήμη τάχιστα ἐγκαταχώννυται τῷ αἰῶνι.

ια'. — Τῷ λογικῷ ζῴῳ ἡ αὐτὴ πρᾶξις κατὰ φύσιν ἐστὶ καὶ κατὰ λόγον.

ιε'. — Ὅ τι ἄν τις ποιῇ ἢ λέγῃ, ἐμὲ δεῖ ἀγαθὸν εἶναι˙ ὡς ἂν εἰ ὁ χρυσὸς ἢ ὁ σμάραγδος ἢ ἡ πορφύρα τοῦτο ἀεὶ ἔλεγεν, "Ὅ τι ἄν τις ποιῇ ἢ λέγῃ, ἐμὲ δεῖ σμάραγδον εἶναι καὶ τὸ ἐμαυτοῦ χρῶμα ἔχειν."

9 — Todas as coisas se encadeiam entre si e sua conexão é sagrada, e nenhuma coisa é estranha à outra, pois todas foram ordenadas juntas e contribuem junto para a bela ordenação do mundo. Com efeito, uno é o mundo que compõem todas as coisas; uno o Deus que está em toda parte; una a substância; una a lei; una a razão comum a todos os seres racionais; una a verdade; pois una também é a perfeição dos seres da mesma família e partícipes da mesma razão.

10 — Rapidamente tudo o que é material perece na substância universal; toda causa regressa rapidamente à causa universal; toda a lembrança desaparece num instante da eternidade.

11 — Para o ser racional, um ato que é conforme à natureza também o é quanto à razão.

15 — Independentemente do que façam ou digam os outros, é preciso que eu me mantenha um homem de bem. É como se o ouro, a esmeralda ou a púrpura dissessem: independentemente do que façam ou digam, é preciso que eu seja esmeralda e conserve minha própria cor.

ιζ'. — Εὐδαιμονία ἐστὶ δαίμων ἀγαθὸς ἢ ⟨ἡγεμονικὸν⟩ ἀγαθόν. τί οὖν ὧδε ποιεῖς, ὦ φαντασία; ἀπέρχου, τοὺς θεούς σοι, ὡς ἦλθες· οὐ γὰρ χρῄζω σου. ἐλήλυθας δὲ κατὰ τὸ ἀρχαῖον ἔθος. οὐκ ὀργίζομαί σοι· μόνον ἄπιθι.

ιη'. — Φοβεῖταί τις μεταβολήν; τί γὰρ δύναται χωρὶς μεταβολῆς γενέσθαι; τί δὲ φίλτερον ἢ οἰκειότερον τῇ τῶν ὅλων φύσει; σὺ δὲ αὐτὸς λούσασθαι δύνασαι, ἐὰν μὴ τὰ ξύλα μεταβάλῃ; τραφῆναι δὲ δύνασαι, ἐὰν μὴ τὰ ἐδώδιμα μεταβάλῃ; ἄλλο δέ τι τῶν χρησίμων δύναται συντελεσθῆναι χωρὶς μεταβολῆς; οὐχ ὁρᾷς οὖν ὅτι καὶ αὐτὸ τὸ σὲ μεταβαλεῖν ὅμοιόν ἐστι καὶ ὁμοίως ἀναγκαῖον τῇ τῶν ὅλων φύσει;

ιθ'. — Διὰ τῆς τῶν ὅλων οὐσίας ὡς διὰ χειμάρρου, διεκπορεύεται πάντα τὰ σώματα, τῷ ὅλῳ συμφυῆ καὶ συνεργά, ὡς τὰ ἡμέτερα μέρη ἀλλήλοις.

Πόσους ἤδη ὁ αἰὼν Χρυσίππους, πόσους Σωκράτεις, πόσους Ἐπικτήτους καταπέπωκεν; τὸ δ' αὐτὸ καὶ ἐπὶ παντὸς οὑτινοσοῦν σοι ἀνθρώπου τε καὶ πράγματος προσπιπτέτω.

17 — A felicidade é ter uma boa divindade consigo. Então o que, ó imaginação, viestes fazer aqui? Vai-te embora, em nome dos deuses, tal como viestes, não quero nada de ti. Eu sei que é um velho hábito que te traz aqui. Não te quero mal, somente que vás embora.

18 — Tu te assustas com a mudança? Mas nada pode se produzir a não ser pela mudança. E há algo mais caro e familiar à Natureza Universal? Tu mesmo, podes tomar um banho quente sem que haja mudança? Podes te alimentar sem que os alimentos sofram mudança? Pode-se realizar uma única ação útil sem que se produza alguma mudança? Pois então não vês que a tua própria mudança é semelhante àquelas e necessária à Natureza Universal?

19 — Todos os corpos passam pela substância universal como por uma torrente; eles formam um todo e colaboram entre si, como nossos membros uns com os outros. Quantos como Crisipo, Sócrates, Epicteto já foram engolidos pelo tempo! Lembra-te disso quando tiveres de tratar com alguém ou alguma coisa.

καʹ. — Ἐγγὺς μὲν ἡ σὴ περὶ πάντων λήθη· ἐγγὺς δὲ ἡ πάντων περὶ σοῦ λήθη.

κβʹ. — Ἴδιον ἀνθρώπου φιλεῖν καὶ τοὺς πταίοντας. τοῦτο δὲ γίνεται, ἐὰν συμπροσπίπτῃ σοι, ὅτι καὶ συγγενεῖς καὶ δἰ ἄγνοιαν καὶ ἄκοντες ἁμαρτάνουσι, καὶ ὡς μετ' ὀλίγον ἀμφότεροι τεθνήξεσθε, καὶ πρὸ πάντων, ὅτι οὐκ ἔβλαψέ σε· οὐ γὰρ τὸ ἡγεμονικόν σου χεῖρον ἐποίησεν, ἢ πρόσθεν ἦν.

κεʹ. — Πάντα, ὅσα ὁρᾷς, ὅσον οὔπω μεταβαλεῖ ἡ τὰ ὅλα διοικοῦσα φύσις, καὶ ἄλλα ἐκ τῆς οὐσίας αὐτῶν ποιήσει καὶ πάλιν ἄλλα ἐκ τῆς ἐκείνων οὐσίας, ἵνα ἀεὶ νεαρὸς ᾖ ὁ κόσμος.

κςʹ. — Ὅταν τις ἁμάρτῃ τι εἰς σέ, εὐθὺς ἐνθυμοῦ, τί ἀγαθὸν ἢ κακὸν ὑπολαβὼν ἥμαρτεν. τοῦτο γὰρ ἰδὼν ἐλεήσεις αὐτὸν, καὶ οὔτε θαυμάσεις, οὔτε ὀργισθήσῃ. ἤτοι γὰρ καὶ αὐτὸς τὸ αὐτὸ ἐκείνῳ ἀγαθὸν ἔτι ὑπολαμβάνεις ἢ ἄλλο ὁμοειδές. δεῖ οὖν συγγινώσκειν. εἰ δὲ μηκέτι ὑπολαμβάνεις τὰ τοιαῦτα ἀγαθὰ καὶ κακά, ῥᾷον εὐμενὴς ἔσῃ τῷ παρορῶντι.

21 — Em breve esquecerás tudo; em breve serás esquecido.

22 — É próprio do homem amar mesmo aqueles que lhe fizeram mal. Para se chegar a isto, é preciso levar em consideração que todos os homens são parentes, que os que agem mal pecam por ignorância e involuntariamente, que em um instante ambos estarão mortos, e sobretudo que não te fazem mal se não atingem tua faculdade diretora, se ela se mantém serena.

25 — Em breve todos esses objetos que tu vês serão transformados pela Natureza que governa tudo. De suas substâncias ela fará outros objetos, de forma que o mundo seja sempre jovem.

26 — Quando um homem comete uma falta em relação a ti, considera que opinião sobre o bem e o mal o fez cometer tal falta. Quando tiveres visto a razão, tu o lamentarás, e não experimentarás nem surpresa nem ira. Com efeito, ou continuas a ter a mesma noção do bem que ele, e neste caso deves perdoá-lo; ou verás que ele tem uma outra concepção sobre o bem e o mal, e assim será mais fácil ser indulgente com ele.

κθʹ. — Ἐξάλειψον τὴν φαντασίαν. στῆσον τὴν νευροσπαστίαν. περίγραψον τὸ ἐνεστὼς τοῦ χρόνου. γνώρισον τὸ συμβαῖνον ἢ σοὶ ἢ ἄλλῳ. δίελε καὶ μέρισον τὸ ὑποκείμενον εἰς τὸ αἰτιῶδες καὶ ὑλικόν. ἐννόησον τὴν ἐσχάτην ὥραν. τὸ ἐκείνῳ ἁμαρτηθὲν ἐκεῖ κατάλιπε, ὅπου ἡ ἁμαρτία ὑπέστη.

λαʹ. — Φαίδρυνον σεαυτὸν ἁπλότητι καὶ αἰδοῖ καὶ τῇ πρὸς τὸ ἀνὰ μέσον ἀρετῆς καὶ κακίας ἀδιαφορίᾳ. φίλησον τὸ ἀνθρώπινον γένος. ἀκολούθησον θεῷ. ἐκεῖνος μέν φησιν, ὅτι "πάντα νομιστί, †ἐτεῇ δὲ μόνα† τὰ στοιχεῖα." ἀρκεῖ δὲ μεμνῆσθαι, ὅτι τὰ πάντα νομιστὶ ἔχει. ἤδη λίαν ὀλίγα.†

λβʹ. — Περὶ θανάτου· ἢ σκεδασμός, εἰ ἄτομοι· ἢ ⟨εἰ⟩ ἕνωσις, ἤτοι σβέσις ἢ μετάστασις.

λγʹ. — Περὶ πόνου· "τὸ μὲν ἀφόρητον ἐξάγει· τὸ δὲ χρονίζον, φορητόν·" καὶ ἡ διάνοια τὴν ἑαυτῆς γαλήνην κατὰ ἀπόληψιν διατηρεῖ, καὶ οὐ χεῖρον τὸ ἡγεμονικὸν γέγονεν. τὰ δὲ κακούμενα μέρη ὑπὸ τοῦ πόνου, εἴ τι δύναται, περὶ αὐτοῦ ἀποφηνάσθω.

29 — Abole a imaginação. Cessa as agitações. Delimita o momento presente. Atenta para o que acontece, contigo e com os outros. Divisa e analisa o objeto dado em sua causa e matéria. Pensa no momento derradeiro. O erro cometido por alguém, deixa lá onde aconteceu.

31 — Faz brilhar em ti a simplicidade, o pudor, a indiferença com relação ao que é intermediário entre a virtude e o vício. Toma Deus por guia. Quanto àqueles que acham que tudo é convencional e somente os átomos são reais, basta lembrares que nem tudo é convencional, na verdade poucas coisas o são.

32 — Sobre a morte: ou é uma dispersão, se os átomos existem; ou, se o mundo é um todo unido, uma extinção ou uma emigração.

33 — Sobre a dor: a que é intolerável mata, e a que dura é tolerável. A inteligência pode, retirando-se nela mesma, conservar sua calma pois a faculdade diretora não foi afetada. Quanto às partes atingidas pela dor, deixa-as, se elas podem, declarar seu próprio mal.

μζ′. — Περισκοπεῖν ἄστρων δρόμους ὥσπερ συμπεριθέοντα˙ καὶ τὰς τῶν στοιχείων εἰς ἄλληλα μεταβολὰς συνεχῶς ἐννοεῖν˙ ἀποκαθαίρουσι γὰρ αἱ τούτων φαντασίαι τὸν ῥύπον τοῦ χαμαὶ βίου.

ν′. — "Καὶ τὰ μὲν ἐκ γῆς φύντ' εἰς γαῖαν, τὰ δ' ἀπ' αἰθερίου βλαστόντα γονῆς εἰς οὐράνιον πόλον ἦλθε πάλιν˙" ἢ τοῦτο διάλυσις τῶν ἐν ταῖς ἀτόμοις ἀντεμπλοκῶν καὶ τοιοῦτός τις σκορπισμὸς τῶν ἀπαθῶν στοιχείων.

νβ′. — "Καββαλικώτερος," ἀλλ' οὐχὶ κοινωνικώτερος οὐδὲ αἰδημονέστερος οὐδ' εὐτακτότερος ἐπὶ τοῖς συμβαίνουσιν οὐδὲ εὐμενέστερος πρὸς τὰ τῶν πλησίον παροράματα.

νγ′. — Ὅπου ἔργον ἐπιτελεῖσθαι δύναται κατὰ τὸν κοινὸν θεοῖς καὶ ἀνθρώποις λόγον, ἐκεῖ οὐδὲν δεινόν˙ ὅπου γὰρ ὠφελείας τυχεῖν ἔξεστι διὰ τῆς εὐοδούσης καὶ κατὰ τὴν κατασκευὴν προιούσης ἐνεργείας, ἐκεῖ οὐδεμίαν βλάβην ὑφορατέον.

47 — Considera a visão do curso dos astros, como eles te carregam nessas revoluções e considera também como os elementos se transformam uns nos outros. Estes pensamentos purificam as sujeiras daqui de baixo.

50 — "Tudo o que nasceu da Terra deve à Terra retornar, e tudo o que vem do Éter, ao Céu deve voltar"[1] ou seja, trata-se da dissolução das combinações entre os átomos e da dispersão dos elementos.

52 — Se um lutador é melhor que tu, deixa. Mas não mais devotado a bem social, nem mais reservado, mais disciplinado quanto às circunstâncias e nem mais indulgente quanto ao desprezo aos outros.

53 — Se uma tarefa pode ser realizada de acordo com a Razão que é comum aos homens e aos deuses, então não há nada a temer, pois quando um homem se torna útil por uma atividade bem dirigida e que vai ao encontro das leis de seu ser, não há nada a temer.

1 Eurípides frag. 83.

ΒΙΒΛΙΟΝ Η'

β'. — Καθ' ἑκάστην πρᾶξιν ἐρώτα σεαυτόν· "Πῶς μοι αὕτη ἔχει; μὴ μετανοήσω ἐπ' αὐτῇ;" μικρὸν καὶ τέθνηκα καὶ πάντ' ἐκ μέσου. τί πλέον ἐπιζητῶ, εἰ τὸ παρὸν ἔργον ζῴου νοεροῦ καὶ κοινωνικοῦ καὶ ἰσονόμου θεῷ;

ε'. — Τὸ πρῶτον μὴ ταράσσου· πάντα γὰρ κατὰ τὴν τοῦ ὅλου φύσιν· καὶ ὀλίγου χρόνου οὐδεὶς οὐδαμοῦ ἔσῃ· ὥσπερ οὐδὲ Ἁδριανός, οὐδὲ Αὔγουστος. ἔπειτα ἀτενίσας εἰς τὸ πρᾶγμα ἴδε αὐτὸ καὶ συμμνημονεύσας, ὅτι ἀγαθόν σε ἄνθρωπον εἶναι δεῖ, καὶ τί τοῦ ἀνθρώπου ἡ φύσις ἀπαιτεῖ, πρᾶξον τοῦτο ἀμεταστρεπτὶ καὶ εἰπέ, ὡς δικαιότατον φαίνεταί σοι, μόνον εὐμενῶς καὶ αἰδημόνως καὶ ἀνυποκρίτως.

ζ'. — Ἀρκεῖται πᾶσα φύσις ἑαυτῇ εὐοδούσῃ· φύσις δὲ λογικὴ εὐοδεῖ ἐν μὲν φαντασίαις μήτε ψευδεῖ μήτε ἀδήλῳ

LIVRO VIII

2 — A cada uma de tuas ações, pergunta-te: de que sorte é ela? Não me arrependerei depois? Mais um pouco e estarei morto, e tudo terá desaparecido. Que procurar mais, se eu me porto no momento presente como um ser inteligente, sociável e um privilegiado dos deuses?

5 — Em primeiro lugar, não te preocupes, pois tudo acontece segundo a natureza do Universo; em pouco tempo não serás mais nada, assim como Adriano e Augusto. Em seguida, dirige teu olhar para a realidade, observa-a bem, lembra-te de que deves ser um homem de bem e, quanto ao que reclama a natureza humana, faze o que tens de fazer e sem olhar atrás, da maneira que te pareça mais justa e que seja feita com disposição, modéstia e sinceridade.

7 — Toda natureza está satisfeita de si mesma quando ela segue o bom caminho se, na ordem das ideias, a natureza racional não dá

συγκατατιθεμένη, τὰς ὁρμὰς δὲ ἐπὶ τὰ κοινωνικὰ ἔργα μόνα ἀπευθύνουσα, τὰς ὀρέξεις δὲ καὶ τὰς ἐκκλίσεις τῶν ἐφ' ἡμῖν μόνων πεποιημένη, τὸ δὲ ὑπὸ τῆς κοινῆς φύσεως ἀπονεμόμενον πᾶν ἀσπαζομένη. μέρος γὰρ αὐτῆς ἐστιν, ὡς ἡ τοῦ φύλλου φύσις τῆς τοῦ φυτοῦ φύσεως· πλὴν ὅτι ἐκεῖ μὲν ἡ τοῦ φύλλου φύσις μέρος ἐστὶ φύσεως καὶ ἀναισθήτου καὶ ἀλόγου καὶ ἐμποδίζεσθαι δυναμένης, ἡ δὲ τοῦ ἀνθρώπου φύσις μέρος ἐστὶν ἀνεμποδίστου φύσεως καὶ νοερᾶς καὶ δικαίας, εἴγε ἴσους καὶ κατ' ἀξίαν τοὺςμερισμοὺς χρόνων, οὐσίας, αἰτίου, ἐνεργείας, συμβάσεως, ἑκάστοις ποιεῖται. σκόπει δέ, μὴ εἰ τὸ ⟨ἓν⟩ πρὸς τὸ ἓν ἴσον εὑρήσεις ἐπὶ παντός, ἀλλὰ εἰ συλλήβδην τὰ πάντα τοῦδε πρὸς ἀθρόα τὰ τοῦ ἑτέρου.

η'. — "Ἀναγινώσκειν οὐκ ἔξεστιν;" ἀλλὰ ὕβριν ἀνείργειν ἔξεστιν· ἀλλὰ ἡδονῶν καὶ πόνων καθυπερτερεῖν ἔξεστιν· ἀλλὰ τοῦ δοξαρίου ὑπεράνω εἶναι ἔξεστιν· ἀλλὰ ἀναισθήτοις καὶ ἀχαρίστοις μὴ θυμοῦσθαι, προσέτι κήδεσθαι αὐτῶν ἔξεστιν.

ια'. — Τοῦτο τί ἐστιν αὐτὸ καθ' ἑαυτὸ τῇ ἰδίᾳ κατασκευῇ; τί μὲν τὸ οὐσιῶδες αὐτοῦ καὶ ὑλικόν; τί δὲ τὸ αἰτιῶδες; τί δὲ ποιεῖ ἐν τῷ κόσμῳ; πόσον δὲ χρόνον ὑφίσταται;

seu assentimento ao que é falso ou duvidoso; se ela se porta bem nas ações úteis à comunidade; se, na ordem das coisas a procurar ou evitar, ela depende apenas de si e finalmente se ela aceita tudo o que lhe dá a Natureza Universal. E a minha natureza individual é uma centelha da Natureza Universal, como a natureza da folha é parte da natureza da planta; com a diferença que a natureza da folha.é parte de uma natureza privada de sentimento e razão. Ao contrário, a natureza do homem faz parte de uma Natureza sem limites, que é inteligente e justa, pois ela distribui equitavelmente entre os homens segundo a proporção de seu valor, a duração, a substância, a causa, a energia, a atividade e as circunstâncias acidentais. Mas, atenção! não encontrarás esse equilíbrio em todos os casos, se tu comparas um a um. É preciso comparar globalmente o todo.

8 — Tu não podes ler? Podes no entanto refrear toda agitação, podes dominar os prazeres e as dores, podes desprezar a glória vã, não te deixar perturbar por grosseiros ou ingratos, podes até mesmo auxiliá-los.

11 — Isto que está contigo, qual é a sua constituição? Qual é sua substância, matéria e causa formal? O que ele faz neste mundo? E por quanto tempo subsistirá?

ιγʹ. — Διηνεκῶς καὶ ἐπὶ πάσης, εἰ οἷόν τε, φαντασίας φυσιολογεῖν, παθολογεῖν, διαλεκτικεύεσθαι.

ιεʹ. — Μέμνησο, ὅτι, ὥσπερ αἰσχρόν ἐστι ξενίζεσθαι, εἰ ἡ συκῆ σῦκα φέρει, οὕτως, εἰ ὁ κόσμος τάδε τινὰ φέρει, ὧν ἐστι φορός· καὶ ἰατρῷ δὲ καὶ κυβερνήτῃ αἰσχρὸν ξενίζεσθαι, εἰ πεπύρεχεν οὗτος ἢ εἰ ἀντίπνοια γέγονεν.

ιςʹ. — Μέμνησο, ὅτι καὶ τὸ μετατίθεσθαι καὶ ἕπεσθαι τῷ διορθοῦντι ὁμοίως ἐλεύθερόν ἐστιν. σὴ γὰρ ἐνέργεια κατὰ τὴν σὴν ὁρμὴν καὶ κρίσιν καὶ δὴ καὶ κατὰ νοῦν τὸν σὸν περαινομένη.

ιζʹ. — Εἰ μὲν ἐπὶ σοί, τί αὐτὸ ποιεῖς; εἰ δὲ ἐπ' ἄλλῳ, τίνι μέμφῃ; ταῖς ἀτόμοις ἢ τοῖς θεοῖς; ἀμφότερα μανιώδη. οὐδενὶ μεμπτέον. εἰ μὲν γὰρ δύνασαι, διόρθωσον· εἰ δὲ τοῦτο μὴ δύνασαι, τό γε πρᾶγμα αὐτό· εἰ δὲ μηδὲ τοῦτο, πρὸς τί ἔτι σοι φέρει τὸ μέμψασθαι; εἰκῇ γὰρ οὐδὲν ποιητέον.

13 — Constantemente e tanto quanto possível aplica a ciência da Natureza, e das paixões e da dialética.

15 — Ninguém se surpreende que uma figueira produza figos; deve acontecer o mesmo para os frutos da Natureza e o que é produzido por Ela. E o médico ou o piloto não têm culpa se um doente tem febre ou se sopra um vento contrário.

16 — Lembra-te que mudar de opinião, seguir o que te afasta do reto caminho, é também um ato de liberdade, pois essa atividade é tua, uma vez que ela se desenvolve até o fim segundo uma primeira inclinação e um juízo que são teus, e portanto segundo uma inteligência que é a tua.

17 — Se algo depende de ti, por que o fazes? Se depende de algum outro a que te apegas, aos átomos ou aos deuses? Nos dois casos é loucura. É preciso cuidar de si. Se tu és capaz, endireita-te. Se não és capaz, endireita pelo menos tuas ações. Se és incapaz mesmo disso, para que lamentar? É pura perda de tempo.

ιη′. — Ἔξω τοῦ κόσμου τὸ ἀποθανὸν οὐ πίπτει. εἰ ὧδε μένει, καὶ μεταβάλλει ὧδε καὶ διαλύεται εἰς τὰ ἴδια, ἃ στοιχεῖα ἐστι τοῦ κόσμου καὶ σά. καὶ αὐτὰ δὲ μεταβάλλει καὶ οὐ γογγύζει.

ιθ′. — Ἕκαστον πρός τι γέγονεν, ἵππος, ἄμπελος· τί θαυμάζεις; καὶ ὁ Ἥλιος ἐρεῖ, "πρός τι ἔργον γέγονα," καὶ οἱ λοιποὶ θεοί. σὺ οὖν πρὸς τί; τὸ ἥδεσθαι; ἴδε, εἰ ἀνέχεται ἡ ἔννοια.

κα′. — Ἔκστρεψον καὶ θέασαι, οἷόν ἐστι, γηράσαν δὲ οἷον γίνεται, νοσῆσαν δέ, ἀποπνεῦσαν δέ.†

Βραχύβιον καὶ ὁ ἐπαινῶν καὶ ὁ ἐπαινούμενος, καὶ ὁ μνημονεύων καὶ ὁ μνημονευόμενος. προσέτι δὲ καὶ ἐν γωνίᾳ τούτου τοῦ κλίματος, καὶ οὐδὲ ἐνταῦθα πάντες συμφωνοῦσι, καὶ οὐδὲ αὐτός τις ἑαυτῷ· καὶ ὅλη δὲ ἡ γῆ στιγμή.

κγ′. — Πράσσω τι; πράσσω ἐπ᾽ ἀνθρώπων εὐποιίαν ἀναφέρων· συμβαίνει τί μοι; δέχομαι ἐπὶ τοὺς θεοὺς ἀναφέρων καὶ τὴν πάντων πηγήν, ἀφ᾽ ἧς πάντα τὰ γινόμενα συμμηρύεται.

18 — O que está morto não caiu para fora do Universo. Se ele aí fica, então se transforma e dissolve em seus elementos, que são os do mundo e os teus. E esses elementos por sua vez se transformam sem murmurar.

19 — Cada ser tem sua utilidade, como o cavalo e a vinha. Isto te espanta? O sol mesmo te diria que foi feito para um fim, e também os outros deuses. E tu, por que foste criado? Para o prazer? Considera se esse raciocínio pode se sustentar.

21 — Considera um qualquer e vê como ele era e como ficou por causa da velhice, das doenças e do exagero. Efêmeros são aqueles que louvam e o que é louvado, aquele que traz uma lembrança e aquele que é lembrado. E tudo isso se passa num pequeno canto desta parte do mundo. E mesmo ali, nem todas as coisas estão de acordo. E nem mesmo alguém está de acordo consigo próprio. E toda a Terra não passa de um ponto.

23 — Se eu faço alguma coisa, faço-o pensando no bem dos homens; se algo me acontece, eu o aceito e relaciono com os deuses e à fonte comum donde derivam todos os acontecimentos.

κϛʹ. — Εὐφροσύνη ἀνθρώπου ποιεῖν τὰ ἴδια ἀνθρώπου. ἴδιον δὲ ἀνθρώπου εὔνοια πρὸς τὸ ὁμόφυλον, ὑπερόρασις τῶν αἰσθητικῶν κινήσεων, διάκρισις τῶν πιθανῶν φαντασιῶν, ἐπιθεώρησις τῆς τῶν ὅλων φύσεως καὶ τῶν κατ' αὐτὴν γινομένων.

κζʹ. — Τρεῖς σχέσεις· ἡ μὲν πρὸς τὸ ἀγγεῖον τὸ περικείμενον· ἡ δὲ πρὸς τὴν θείαν αἰτίαν, ἀφ' ἧς συμβαίνει πᾶσι πάντα· ἡ δὲ πρὸς τοὺς συμβιοῦντας.

κθʹ. — Ἐξάλειφε τὰς φαντασίας συνεχῶς σεαυτῷ λέγων· "Νῦν ἐπ' ἐμοί ἐστιν, ἵνα ἐν ταύτῃ τῇ ψυχῇ μηδεμία πονηρία ᾖ μηδὲ ἐπιθυμία μηδὲ ὅλως ταραχή τις· ἀλλὰ βλέπων πάντα, ὁποῖά ἐστι, χρῶμαι ἑκάστῳ κατ' ἀξίαν." μέμνησο ταύτης τῆς ἐξουσίας κατὰ φύσιν.

λʹ. — Λαλεῖν καὶ ἐν συγκλήτῳ καὶ πρὸς πάνθ' ὁντινοῦν κοσμίως, μὴ περιτράνως· Ὑγιεῖ λόγῳ χρῆσθαι.

λβʹ. — Συντιθέναι δεῖ τὸν βίον κατὰ μίαν πρᾶξιν, καὶ εἰ ἑκάστη τὸ ἑαυτῆς παρέχει, ὡς οἷόν τε, ἀρκεῖσθαι· ἵνα δὲ τὸ

26 — A alegria para os homens é fazer as coisas próprias a um homem. Uma coisa própria do homem é ser bom para com seus semelhantes, ter desprezo pelos movimentos que causam as sensações, desembaraçar as ideias que merecem crença e contemplar a Natureza Universal e o que ela produz segundo as suas leis.

27 — Há três relações: uma com o corpo que nos cobre, outra com a causa divina, fonte de tudo o que acontece a todos os seres, e a terceira com os companheiros de existência.

29 — Afasta as ideias imaginárias e repete constantemente: depende de mim neste momento que a alma esteja pura, sem desejos e sem qualquer agitação. Vejo como todas as coisas são e de cada uma me sirvo segundo o seu valor. Não te esqueças deste poder, que possuis naturalmente.

30 — Ao falar, quer no Senado quer em particular, adota um ar sereno e claro. Que a tua linguagem seja pura.

32 — É preciso que componhas tua vida ato por ato; e se algum deles atinge seu objetivo tanto quanto possível, podes declarar-te

ἑαυτῆς παρέχῃ, οὐδὲ εἷς σε κωλῦσαι δύναται. "Ἀλλ' ἐνστήσεταί τι ἔξωθεν." οὐδὲν εἴς γε τὸ δικαίως καὶ σωφρόνως καὶ εὐλογίστως· "Ἄλλο δέ τι ἴσως ἐνεργητικὸν κωλυθήσεται;" ἀλλὰ τῇ πρὸς αὐτὸ τὸ κώλυμα εὐαρεστήσει καὶ τῇ ἐπὶ τὸ διδόμενον εὐγνώμονι μεταβάσει εὐθὺς ἄλλη πρᾶξις ἀντικαθίσταται ἐναρμόσουσα εἰς τὴν σύνθεσιν, περὶ ἧς ὁ λόγος.

λη'. — Εἰ δύνασαι ὀξὺ βλέπειν, βλέπε,† "κρίνων," φησί, "σοφώτατα."†

λθ'. — Δικαιοσύνης κατεξαναστατικὴν ἀρετὴν οὐχ ὁρῶ ἐν τῇ τοῦ λογικοῦ ζῴου κατασκευῇ ἡδονῆς δὲ ὁρῶ τὴν ἐγκράτειαν.

μγ'. — Εὐφραίνει ἄλλον ἄλλο· ἐμὲ δέ, ἐὰν ὑγιὲς ἔχω τὸ ἡγεμονικόν, μὴ ἀποστρεφόμενον μήτε ἄνθρωπόν τινα μήτε ⟨τι⟩ τῶν ἀνθρώποις συμβαινόντων· ἀλλὰ πᾶν εὐμενέσιν ὀφθαλμοῖς ὁρῶν τε καὶ δεχόμενον καὶ χρώμενον ἑκάστῳ κατ' ἀξίαν.

satisfeito. Ninguém pode furtar-se de cumprir seu objetivo. — Mas um obstáculo de fora pode impedir-me de cumprir tal ato. Mas isto não será nada, a menos que se oponha a que pratiques a justiça, a temperança, a prudência. — Mas talvez uma outra forma de minha atividade esteja impedida. Sim, mas por ter tolerado o obstáculo e retomado sabiamente aos limites do possível, substituímos logo ao seu primeiro desígnio original uma outra ação que está em harmonia com este Todo do qual falei acima.

38 — Se podes ver claramente, vê claramente teus juízos com a máxima prudência possível.

39 — Não vejo na concepção do ser racional como a virtude se oporia à justiça; mas contra o prazer, vejo a temperança.

43 — Cada um considera o prazer de uma determinada maneira. O meu é conservar meu guia interior em disposições puras, sem que ele tenha aversão por homem algum; pois ele vê tudo com olhos benéficos, tudo aceita e de cada coisa tira algo de acordo com seu valor.

με΄. — Ἆρόν με καὶ βάλε, ὅπου θέλεις. ἐκεῖ γὰρ ἕξω τὸν ἐμὸν δαίμονα ἵλεων, τουτέστιν ἀρκούμενον, εἰ ἔχοι καὶ ἐνεργοίη κατὰ τὸ ἑξῆς τῇ ἰδίᾳ κατασκευῇ.

Ἀρα τοῦτο ἄξιον, ἵνα δι᾽ αὐτὸ κακῶς μοι ἔχῃ ἡ ψυχὴ καὶ χείρων ἑαυτῆς ᾖ ταπεινουμένη, ὀρεγομένη, συνδυομένη, † πτυρομένη; καὶ τί εὑρήσεις τούτου ἄξιον;

μς΄. — Ἀνθρώπῳ οὐδενὶ συμβαίνειν τι δύναται, ὃ οὐκ ἔστιν ἀνθρωπικὸν σύμπτωμα˙ οὐδὲ βοί, ὃ οὐκ ἔστι βοϊκόν˙ οὐδὲ ἀμπέλῳ, ὃ οὐκ ἔστιν ἀμπελικόν˙ οὐδὲ λίθῳ, ὃ οὐκ ἔστι λίθου ἴδιον. εἰ οὖν ἑκάστῳ συμβαίνει, ὃ καὶ εἴωθε καὶ πέφυκε, τί ἂν δυσχεραίνοις; οὐ γὰρ ἀφόρητόν σοι ἔφερεν ἡ κοινὴ φύσις.

νβ΄. — Ὁ μὲν μὴ εἰδώς, ὅ τι ἔστὶ κόσμος, οὐκ οἶδεν, ὅπου ἐστίν. ὁ δὲ μὴ εἰδὼς πρὸς ὅ τι πέφυκεν, οὐκ οἶδεν ὅστις ἐστὶν, οὐδὲ τί ἐστι κόσμος. ὁ δὲ ἕν τι τούτων ἀπολιπὼν οὐδὲ πρὸς ὅ τι αὐτὸς πέφυκεν εἴποι. τίς οὖν φαινεταί σοι ὁ τὸν τῶν κροτούντων ἔπαινον φεύγων ἢ διώκων,† οἳ οὔθ᾽ ὅπου εἰσὶν οὔτε οἵτινές εἰσι γινώσκουσιν;

νδ΄. — Μηκέτι μόνον συμπνεῖν τῷ περιέχοντι ἀέρι, ἀλλ᾽ ἤδη καὶ συμφρονεῖν τῷ περιέχοντι πάντα νοερῷ. οὐ γὰρ

45 — Prende-me, joga-me onde quiseres. Ali ainda conservarei meu gênio protetor de bom humor, isto é, satisfeito e bem disposto, se ele age conforme sua própria constituição. Seria este um motivo suficiente para que minha alma sofra e se avilte, que seja humilhada, levada pelos apetites, submersa e amedrontada?

46 — A cada homem não pode acontecer nada que não seja um acidente humano; do mesmo modo o que acontece ao boi é próprio do boi, e assim também com a vinha e a pedra. Se portanto o que acontece a cada ser é conforme aos seus hábitos, seus costumes e à sua natureza, por que ficarias preocupado? A Natureza Universal não te traz nada que não sejas capaz de enfrentar.

52 — Quem não sabe o que é o mundo, não sabe onde se acha. Quem não sabe para que foi feito, não sabe também o que é, nem o que é este mundo. O homem que não levou em consideração uma só dessas questões não saberia dizer qual é sua função natural. Como te aparecem então aqueles que são aplaudidos ou vaiados por pessoas que não sabem nem onde estão nem o que são?

54 — Não te limites mais a respirar o ar que te circunda, mas participa a partir de agora da sabedoria da Inteligência que governa

ἧττον ἡ νοερὰ δύναμις πάντη κέχυται καὶ διαπεφοίτηκε τῷ σπάσαι δυναμένῳ, ἤπερ ἡ ἀερώδης τῷ ἀναπνεῦσαι δυναμένῳ.

νε΄. — Γενικῶς μὲν ἡ κακία οὐδὲν βλάπτει τὸν κόσμον, ἡ δὲ κατὰ μέρος οὐδὲν βλάπτει τὸν ἕτερον. μόνῳ δὲ βλαβερά ἐστι τούτῳ, ᾧ ἐπιτέτραπται καὶ ἀπηλλάχθαι αὐτῆς, ὁπόταν πρῶτον αὐτὸς θελήσῃ.

todas as coisas, pois a faculdade inteligente não está espalhada por toda parte e não se insinua a não ser nos seres em que é capaz de penetrar, assim como o ar com os que respiram.

55 — De uma maneira geral o vício não afeta em nada o Universo. Nos casos particulares, ele não prejudica senão aquele que o pratica, e está em seu poder desembaraçar-se dele.

ΒΙΒΛΙΟΝ Θ’

δʹ. — Ὁ ἁμαρτάνων ἑαυτῷ ἁμαρτάνει· ὁ ἀδικῶν ἑαυτὸν ἀδικεῖ κακὸν ἑαυτὸν ποιῶν.

εʹ. — Ἀδικεῖ πολλάκις ὁ μὴ ποιῶν τι, οὐ μόνον ὁ ποιῶν τι.

ςʹ. — Ἀρκεῖ ἡ παροῦσα ὑπόληψις καταληπτική, καὶ ἡ παροῦσα πρᾶξις κοινωνική, καὶ ἡ παροῦσα διάθεσις εὐαρεστικὴ πρὸς πᾶν τὸ παρὰ τῆς ἐκτὸς αἰτίας συμβαῖνον.

ζʹ. — Ἐξαλεῖψαι φαντασίαν· στῆσαι ὁρμήν· σβέσαι ὄρεξιν· ἐφ’ ἑαυτῷ ἔχειν τὸ ἡγεμονικόν.

LIVRO IX

4 — Aquele que peca, peca contra si mesmo; o que comete uma injustiça faz mal contra si próprio, pois torna-se mau.

5 — Frequentemente somos injustos por omissão e não apenas por ação.

6 — Basta neste momento ter uma opinião exata, realizar neste momento uma ação útil à sociedade e estar disposto a acolher neste momento todo acontecimento causado por algo externo.

7 — (É preciso) afastar tudo o que é da imaginação, reprimir os impulsos, abafar os apetites e tornar-te mestre de tua faculdade diretora.

η′. — Εἱς μὲν τὰ ἄλογα ζῷα μία ψυχὴ διῄρηται· εἱς δὲ τὰ λογικὰ μία νοερὰ ψυχὴ μεμέρισται. ὥσπερ καὶ μία γῆ ἐστὶν ἁπάντων τῶν γεωδῶν, καὶ ἑνὶ φωτὶ ὁρῶμεν, καὶ ἕνα ἀέρα ἀναπνέομεν, ὅσα ὁρατικὰ καὶ ἔμψυχα πάντα.

η′. — Φέρει καρπὸν καὶ ἄνθρωπος καὶ θεὸς καὶ ὁ κόσμος· ἐν ταῖς οἰκείαις ὥραις ἕκαστα φέρει. εἰ δὲ ἡ συνήθεια κυρίως τέτριφεν ἐπὶ ἀμπέλου καὶ τῶν ὁμοίων, οὐδὲν τοῦτο. ὁ λόγος δὲ καὶ κοινὸν καὶ ἴδιον καρπὸν ἔχει· καὶ γίνεται ἐξ αὐτοῦ τοιαῦθ' ἕτερα, ὁποῖόν τι αὐτός ἐστιν ὁ λόγος.

ιδ′. — Πάντα ταὐτά· συνήθη μὲν τῇ πείρᾳ, ἐφήμερα δὲ τῷ χρόνῳ, ῥυπαρὰ δὲ τῇ ὕλῃ. πάντα νῦν, οἷα ἐπ' ἐκείνων, οὓς κατεθάψαμεν.

ιθ′. — Πάντα ἐν μεταβολῇ· καὶ αὐτὸς σὺ ἐν διηνεκεῖ ἀλλοιώσει καὶ κατά τι φθορᾷ· καὶ ὁ κόσμος δὲ ὅλος.

κ′. — Τὸ ἄλλου ἁμάρτημα ἐκεῖ δεῖ καταλιπεῖν.

8 — Una é a alma animal, da qual partilham todos os seres desprovidos de razão, una é a alma inteligente da qual participam os seres racionais, assim como una é a terra para todos os seres formados dela, una a luz que vemos e uno o ar que respiramos com todos os que são feitos para ver e respirar.

10 — O homem, Deus e o mundo trazem um fruto; todo ser traz seu fruto na estação que lhe é própria. O uso comum fez aplicar esta palavra aos frutos da terra, mas pouco importa. Quanto à Razão, que ela produza um fruto ao mesmo tempo universal e individual, e que dele se produzam frutos de origem racional.

14 — Tudo é banal e já experimentado, de duração efêmera e de matéria vil. Tudo se passa hoje como no tempo daqueles que estão nos túmulos.

19 — Tudo está em curso de transformação. Tu mesmo não cessas de mudar e, em certo sentido, de perecer. O mesmo acontece ao Universo.

20 — Convém deixar o erro de um outro ali onde ficou.

κβʹ. — Τρέχε ἐπὶ τὸ σεαυτοῦ ἡγεμονικὸν καὶ τὸ τοῦ ὅλου, καὶ τὸ τούτου. τὸ μὲν σεαυτοῦ, ἵνα νοῦν δικαϊκὸν αὐτὸ ποιήσῃς· τὸ δὲ τοῦ ὅλου, ἵνα συμμνημονεύσῃς, τίνος μέρος εἶ· τὸ δὲ τούτου, ἵνα ἐπιστήσῃς, πότερον ἄγνοια ἢ γνώμη, καὶ ἅμα λογίσῃ, ὅτι συγγενές.

κϛʹ. — Ἀνέτλης μύρια διὰ τὸ μὴ ἀρκεῖσθαι τῷ σῷ ἡγεμονικῷ ποιοῦντι ταῦτα, εἰς ἃ κατεσκεύασται. ἀλλὰ ἅλις.

κζʹ. — Ὅταν ἄλλος ψέγῃ σε, ἢ μισῇ, ἢ τοιαῦτά τινα ἐκφωνῶσιν, ἔρχου ἐπὶ τὰ ψυχάρια αὐτῶν, δίελθε ἔσω καὶ ἴδε, ποῖοί τινές εἰσιν. ὄψει, ὅτι οὐ δεῖ σε σπᾶσθαι, ἵνα τούτοις τί ποτε περὶ σοῦ δοκῇ. εὐνοεῖν μέντοι αὐτοῖς δεῖ· φύσει γὰρ φίλοι. καὶ οἱ θεοὶ δὲ παντοίως αὐτοῖς βοηθοῦσι, δι' ὀνείρων, διὰ μαντειῶν, πρὸς ταῦτα μέντοι, πρὸς ἃ ἐκεῖνοι διαφέρονται.

κηʹ. — Ταὐτά ἐστι τὰ τοῦ κόσμου ἐγκύκλια, ἄνω κάτω, ἐξ αἰῶνος εἰς αἰῶνα. καὶ ἤτοι ἐφ' ἕκαστον ὁρμᾷ ἡ τοῦ ὅλου διάνοια· ὅπερ εἰ ἔστιν, ἀποδέχου τὸ ἐκείνης ὁρμητόν· ἢ ἅπαξ ὥρμησε, τὰ δὲ λοιπὰ κατ' ἐπακολούθησιν καὶ †τί ἐν τίνι·† τρόπον γάρ τινα ἄτομοι, †ἢ ἀμερῆ.†

22 — Perscruta o teu princípio diretor, o do Todo e o de algum homem. O teu, para que te conduzas com justiça; o do Todo, para que lembres de que conjunto fazes parte; e o do homem particular, para examinar se ele é ignorante ou age irrefletidamente, sem esqueceres que ele te é aparentado.

26 — Suportaste muitos males porque não cumpriste os deveres de teu guia interior e as atividades que lhe são próprias. Pois bem, basta disso.

27 — Quando te reprimem, te odeiam ou manifestam contra ti tais sentimentos considera as suas almas, penetra nelas a fundo e vê como elas são. Então compreenderás que não é preciso que te preocupes para saber se elas tem tal ou tal opinião. É preciso ser benevolente com eles, pois por natureza são teus amigos. Os deuses mesmo os auxiliam de mil maneiras, por sonhos e oráculos para que consigam obter justamente aquilo que querem.

28 — Tais são os ciclos que o mundo atravessa, de alto a baixo, de século em século. Ou uma inteligência universal toma a cada instante uma iniciativa, e neste caso aceita o resultado de sua iniciativa; ou então ela toma uma só iniciativa, e todo o resto decorre por consequência, cada evento sendo consequência de um outro. Em

τὸ δὲ ὅλον, εἴτε θεός, εὖ ἔχει πάντα· εἴτε τὸ εἰκῇ, μὴ καὶ σὺ εἰκῇ.

λγ′. — Πάντα, ὅσα ὁρᾷς, τάχιστα φθαρήσεται καὶ οἱ φθειρόμενα αὐτὰ ἐπιδόντες τάχιστα καὶ αὐτοὶ φθαρήσονται· καὶ ὁ ἐσχατόγηρως ἀποθανὼν εἰς ἴσον καταστήσεται τῷ προώρῳ.

λε′. — Ἡ ἀποβολὴ οὐδὲν ἄλλο ἐστὶν ἢ μεταβολή. τούτῳ δὲ χαίρει ἡ τῶν ὅλων φύσις, καθ' ἣν πάντα, καθὼς γίνεται. ἐξ αἰῶνος ὁμοειδῶς ἐγίνετο, καὶ εἰς ἄπειρον τοιαῦθ' ἕτερα ἔσται. τί οὖν λέγεις, ὅτι ἐγίνετό τε πάντα ⟨κακῶς⟩ καὶ πάντα ἀεὶ κακῶς ἔσται, καὶ οὐδεμία ἄρα δύναμις ἐν τοσούτοις θεοῖς ἐξευρέθη ποτὲ ἡ διορθώσουσα ταῦτα, ἀλλὰ κατακέκριται ὁ κόσμος ἐν ἀδιαλείπτοις κακοῖς συνέχεσθαι;

λθ′. — Ἤτοι ἀπὸ μιᾶς πηγῆς νοερᾶς πάντα ὡς ἑνὶ σώματι ἐπισυμβαίνει, καὶ οὐ δεῖ τὸ μέρος τοῖς ὑπὲρ τοῦ ὅλου γινομένοις μέμφεσθαι· ἢ ἄτομοι καὶ οὐδὲν ἄλλο ἢ κυκεὼν καὶ σκεδασμός. τί οὖν ταράσσῃ; τῷ ἡγεμονικῷ λέγειν· "Τέθνηκας, ἔφθαρσαι, τεθηρίωσαι, ὑποκρίνῃ, συναγελάζῃ, βόσκῃ;"

suma, se há um Deus, tudo vai para o melhor; se tudo acontece por acaso, que tu pelo menos não te portes ao acaso.

33 — Todos esses objetos que tu vês perecerão em pouco tempo e aqueles que os viram perecer por sua vez perecerão em pouco tempo, e o homem que chegar à mais extrema velhice será reduzido ao mesmo que aquele que morreu cedo.

35 — Perder nada mais é do que mudar. E a Natureza Universal ama a mudança e é segundo seus planos que tudo se produz, e tudo se produz sob o mesmo aspecto desde a eternidade e se produzirá a infinito em formas análogas. Por que então tu dizes que tudo vai e irá numa direção má, e que não se pôde jamais encontrar dentre os deuses um poder capaz de corrigi-la e que o mundo está repleto de males perpétuos?

39 — Ou as coisas devem ter sua origem no mundo, uma vez que ele forma um só corpo que tem uma única e mesma fonte inteligente, e portanto a parte não pode se queixar do que colabora o interesse do Todo; ou então nada mais há que átomos, ou seja, desordem e dispersão. Neste caso, por que te preocupas? Diz a teu guia interior: "tu estás morto, abolido, és um mutilado, um comediante? Desceste ao nível do gado no pasto, no meio da manada?"

ΒΙΒΛΙΟΝ Ι'

γ'. — Πᾶν τὸ συμβαῖνον ἤτοι οὕτως συμβαίνει, ὡς πέφυκας αὐτὸ φέρειν ἢ ὡς οὐ πέφυκας αὐτὸ φέρειν. εἰ μὲν οὖν συμβαίνει σοι, ὡς πέφυκας φέρειν, μὴ δυσχέραινε˙ ἀλλ' ὡς πέφυκας, φέρε. εἰ δὲ, ὡς μὴ πέφυκας φέρειν, μὴ δυσχέραινε˙ φθαρήσεται γάρ σε ἀπαναλῶσαν.

ε'. — Ὅ τι ἄν σοι συμβαίνῃ, τοῦτό σοι ἐξ αἰῶνος προκατεσκευάζετο˙ καὶ ἡ ἐπιπλοκὴ τῶν αἰτίων συνέκλωθε τήν τε σὴν ὑπόστασιν ἐξ ἀιδίου καὶ τὴν τούτου σύμβασιν.

ια'. — Πῶς εἰς ἄλληλα πάντα μεταβάλλει, θεωρητικὴν μέθοδον κτῆσαι, καὶ διηνεκῶς πρόσεχε, καὶ συγγυμνάσθητι περὶ τοῦτο τὸ μέρος. οὐδὲν γὰρ οὕτω μεγαλοφροσύνης ποιητικόν. ἐξεδύσατο τὸ σῶμα καὶ ἐννοήσας, ὅτι ὅσον οὐδέπω πάντα ταῦτα καταλιπεῖν ἀπιόντα ἐξ ἀνθρώπων δεήσει, ἀνῆκεν ὅλον ἑαυτὸν δικαιοσύνῃ μὲν εἰς τὰ ὑφ' ἑαυτοῦ

LIVRO X

3 — Tudo o que acontece, acontece de tal forma que és capaz de suportar ou não. Se portanto te acontece algo que és capaz de suportar naturalmente, suporta-o. Se pelo contrário, te acontece algo que não és capaz de suportar naturalmente, não tenhas ressentimento, sua vitória sobre ti acabará com isto mesmo.

5 — Tudo o que acontece a ti foi preparado desde toda eternidade e a trama das causas ligava há muito tua substância e este acidente.

11 — Como todas as formas transformam-se umas nas outras: eis o que deves examinar com método, aplicar-te constantemente e considerar com atenção, pois nada é mais elevado a um homem. Se ele se desembaraça de seu corpo e considera que num instante será preciso deixá-lo e partir dentre os homens, ele entrega à justiça os seus atos, e à Natureza Universal o que

ἐνεργούμενα, ἐν δὲ τοῖς ἄλλοις συμβαίνουσι τῇ τῶν ὅλων φίσει. τί δ' ἐρεῖ τις ἢ ὑπολήψεται περὶ αὐτοῦ ἢ πράξει κατ' αὐτοῦ, οὐδ' εἰς νοῦν βάλλεται δύο τούτοις ἀρκούμενος εἰ αὐτὸς δικαιοπραγεῖ τὸ νῦν πρασσόμενον καὶ φιλεῖ τὸ νῦν ἀπονεμόμενον ἑαυτῷ· ἀσχολίας δὲ πάσας καὶ σπουδὰς ἀφῆκε, καὶ οὐδὲν ἄλλο βούλεται, ἢ εὐθεῖαν περαίνειν διὰ τοῦ νόμου καὶ εὐθεῖαν περαίνοντι ἕπεσθαι τῷ θεῷ.

ιδ'. — Τῇ πάντα διδούσῃ καὶ ἀπολαμβανούσῃ φύσει ὁ πεπαιδευμένος καὶ αἰδήμων λέγει· "Δὸς ὃ θέλεις, ἀπόλαβε ὃ θέλεις." λέγει δὲ τοῦτο οὐ καταθρασυνόμενος, ἀλλὰ πειθαρχῶν μόνον καὶ εὐνοῶν αὐτῇ.

ιε'. — Ὀλίγον ἐστὶ τὸ ὑπολειπόμενον τοῦτο. ζῆσον ὡς ἐν ὄρει. οὐδὲν γὰρ διαφέρει, ἐκεῖ ἢ ὧδε, ἐάν τις πανταχοῦ ὡς ἐν πόλει τῷ κόσμῳ. ἰδέτωσαν, ἱστορησάτωσαν οἱ ἄνθρωποι ἄνθρωπον ἀληθινὸν κατὰ φύσιν ζῶντα. εἰ μὴ φέρουσιν, ἀποκτεινάτωσαν. κρεῖττον γὰρ ἢ οὕτω ζῆν.

ις'. — Μηκέθ' ὅλως περὶ τοῦ, οἷόν τινα εἶναι τὸν ἀγαθὸν ἄνδρα ⟨δεῖ⟩, διαλέγεσθαι, ἀλλὰ εἶναι τοιοῦτον.

lhe acontece. Ele não se preocupa com a opinião que terão dele e o que farão contra ele. Ele se contenta com estas duas coisas: realizar a ação presente com justiça e contentar-se com o que lhe é atribuído. Todos os seus atos e preocupações residem nisso; ele não quer mais nada a não ser conservar-se no caminho reto, sem se desviar da lei, e seguir Deus, que sempre toma a via direita.

14 — À Natureza que dá tudo e toma tudo de volta o homem instruído e modesto diz: "Dá-me o que queres, toma de volta o que quiseres". E ele não diz essas palavras com insolência, mas com um sentimento de humildade e benevolência.

15 — Mínimo é o tempo que te resta. Vê como do alto de uma montanha. Não importa que se viva aqui ou ali, se em toda parte vemos com a razão que o mundo que habitamos é como uma cidade. Faça-os ver, faça-os conhecer um homem que vive em perfeito acordo com a Natureza. Se eles não podem fazer isto, que te matem! Seria melhor do que conviver com eles.

16 — Não se trata mais de discutir o que deve ser um homem bom, mas assemelhar-se a ele.

κζʹ. — Συνεχῶς ἐπινοεῖν, πῶς πάντα τοιαῦτα, ὁποῖα νῦν γίνεται, καὶ πρόσθεν ἐγίνετο· καὶ ἐπινοεῖν γενησόμενα. καὶ ὅλα δράματα καὶ σκηνὰς ὁμοειδεῖς, ὅσα ἐκ πείρας τῆς σῆς ἢ τῆς πρεσβυτέρας ἱστορίας ἔγνως, πρὸ ὀμμάτων τίθεσθαι, οἷον αὐλὴν ὅλην Ἁδριανοῦ καὶ αὐλὴν ὅλην Ἀντωνίνου καὶ αὐλὴν ὅλην Φιλίππου, Ἀλεξάνδρου, Κροίσου· πάντα γὰρ ἐκεῖνα τοιαῦτα ἦν, μόνον δι' ἑτέρων.

λʹ. — Ὅταν προσκόπτῃς ἐπί τινος ἁμαρτίᾳ, εὐθὺς μεταβὰς ἐπιλογίζου, τί παρόμοιον ἁμαρτάνεις· οἷον ἀργύριον ἀγαθὸν εἶναι κρίνων ⟨ἢ⟩ τὴν ἡδονὴν ἢ τὸ δοξάριον καὶ κατ' εἶδος. τούτῳ γὰρ ἐπιβάλλων ταχέως ἐπιλήσῃ τῆς ὀργῆς συμπίπτοντος τοῦ, ὅτι βιάζεται· τί γὰρ ποιήσει; ἤ, εἰ δύνασαι, ἄφελε αὐτοῦ τὸ βιαζόμενον.

λβʹ. — Μηδενὶ ἐξέστω εἰπεῖν ἀληθεύοντι περὶ σοῦ, ὅτι οὐχ ἁπλοῦς ἢ ὅτι οὐκ ἀγαθός· ἀλλὰ ψευδέσθω, ὅστις τούτων τι περὶ σοῦ ὑπολήψεται. πᾶν δὲ τοῦτο ἐπὶ σοί. τίς γὰρ ὁ κωλύων ἀγαθὸν εἶναί σε καὶ ἁπλοῦν; σὺ μόνον κρῖνον μηκέτι ζῆν, εἰ μὴ τοιοῦτος ἔσῃ. οὐδὲ γὰρ αἱρεῖ λόγος μὴ τοιοῦτον ὄντα.

27 — Considera sem cessar como todos os acontecimentos que ocorrem no presente já ocorreram do mesmo modo no passado, e eles reaparecerão. Examina os dramas e as cenas que conheces por tua experiência pessoal ou pelo testemunho de outros, coloca diante de teus olhos toda a corte de Adriano, Augusto, Filipe, Alexandre e Creso, por exemplo. Todos esses espetáculos se assemelhavam, os atores apenas é que eram outros.

30 — Quando te espantas com a falta de um outro, deixa logo o lugar e considera que falta análoga tu cometes, por exemplo, quando julgas que o dinheiro é um bem, assim como o prazer, a glória e outras coisas deste gênero. Refletindo nisso, esquecerás logo tua cólera, pois perceberás que este outro tem um defeito. O que pode ele fazer? Mas tu, se fores capaz, livra-o de seu defeito.

32 — Que ninguém possa dizer de ti com razão que não és direito ou homem de bem, mas faz com que o que diz seja ele próprio mentiroso. E isto depende inteiramente de ti. O que te impede de ser um homem de bem? Caso contrário podes decidir não viver mais, pois a razão não exige que tu vivas a não ser para ser um tal homem.

λζ′. — Ἔθισον ἐπὶ παντός, ὡς οἷόν τε, τοῦ πρασσομένου ὑπό τινος ἐπιζητεῖν κατὰ σαυτόν˙ "Οὗτος τοῦτο ἐπὶ τί ἀναφέρει;" ἄρχου δὲ ἀπὸ σαυτοῦ, καὶ σαυτὸν πρῶτον ἐξέταζε.

37 — Toma por hábito analisar tanto quanto possível a atitude de alguém e pergunta-te: "Com que fim este homem toma tal atitude?". Começa por ti mesmo e sê o primeiro a ser examinado.

ΒΙΒΛΙΟΝ ΙΑ'

α'. — Τὰ ἴδια τῆς λογικῆς ψυχῆς· ἑαυτὴν ὁρᾷ, ἑαυτὴν διαρθροῖ, ἑαυτήν, ὁποίαν ἂν βούληται, ποιεῖ, τὸν καρπὸν ὃν φέρει αὐτὴ καρποῦται [—τοὺς γὰρ τῶν φυτῶν καρποὺς καὶ τὸ ἀνάλογον ἐπὶ τῶν ζῴων ἄλλοι καρποῦνται,—] τοῦ ἰδίου τέλους τυγχάνει, ὅπου ἂν τὸ τοῦ βίου πέρας ἐπιστῇ. οὐχ' ὥσπερ ἐπὶ ὀρχήσεως καὶ ὑποκρίσεως, καὶ τῶν τοιούτων, ἀτελὴς γίνεται ἡ ὅλη πρᾶξις, ἐάν τι ἐγκόψῃ· ἀλλ' ἐπὶ παντὸς μέρους, καὶ ὅπου ἂν καταληφθῇ, πλῆρες καὶ ἀπροσδεὲς ἑαυτῇ τὸ προτεθὲν ποιεῖ, ὥστε εἰπεῖν, "ἐγὼ ἀπέχω τὰ ἐμά."

Ἔτι δὲ περιέρχεται τὸν ὅλον κόσμον, καὶ τὸ περὶ αὐτὸν κενὸν, καὶ τὸ σχῆμα αὐτοῦ, καὶ εἰς τὴν ἀπειρίαν τοῦ αἰῶνος ἐκτείνεται, καὶ τὴν περιοδικὴν παλιγγενεσίαν τῶν ὅλων ἐμπεριλαμβάνει καὶ περινοεῖ, καὶ θεωρεῖ ὅτι οὐδὲν νεώτερον ὄψονται οἱ μεθ' ἡμᾶς οὐδὲ περιττότερον εἶδον οἱ πρὸ ἡμῶν· ἀλλὰ τρόπον τινὰ ὁ τεσσαρακοντούτης, ἐὰν νοῦν ὁποσονοῦν ἔχῃ, πάντα τὰ γεγονότα καὶ τὰ ἐσόμενα ἑώρακε κατὰ τὸ ὁμοειδές. ἴδιον δὲ λογικῆς ψυχῆς καὶ τὸ φιλεῖν τοὺς πλησίον καὶ ἀλήθεια καὶ αἰδὼς καὶ τὸ μηδὲν ἑαυτῆς προτιμᾶν, ὅπερ ἴδιον καὶ νόμου. οὕτως ἄρ' οὐδὲν διήνεγκε λόγος ὀρθὸς καὶ λόγος δικαιοσύνης.

LIVRO XI

1 — Tais são as características próprias da alma racional: ela vê a si mesma, se analisa e se conforma segundo sua ideia. É ela mesma que recolhe o fruto que produz enquanto que os frutos das plantas e dos animais são colhidos por outro. Ela atinge seu objetivo quer morra cedo ou tarde. Não acontece o mesmo com a dança, o teatro e outras coisas semelhantes, onde a ação é interrompida se falta algum detalhe. Quanto à alma, em cada caso particular e a qualquer momento, ela poderá dizer: Eu possuo tudo o que é meu. E não é só isso: ela percorre o mundo inteiro e o vácuo que o circunda, ela explora a sua forma, ela se lança no infinito do tempo, ela compreende o renascimento periódico do universo. Ela considera todas as coisas, ela se dá conta de que nossos netos não verão nada de novo, assim como nossos predecessores não viram mais do que nós e que o homem de quarenta anos, por menor que seja sua percepção, já viu todo o passado e todo o futuro na identidade do presente. O que também é próprio aos seres racionais é o amor por seus semelhantes e também a verdade e o pudor e estimar tudo o que é próprio da lei. Portanto não há diferença entre a reta razão e a razão da justiça.

δʹ. — Πεποίηκά τι κοινωνικῶς; οὐκοῦν ὠφέλημαι. τοῦτο ἵνα ἀεὶ πρόχειρον ἀπαντᾷ, καὶ μηδαμοῦ παύου.

εʹ. — Τίς σου ἡ τέχνη; "Ἀγαθὸν εἶναι." τοῦτο δὲ πῶς καλῶς γίνεται ἢ ἐκ θεωρημάτων, τῶν μὲν περὶ τῆς τοῦ ὅλου φύσεως, τῶν δὲ περὶ τῆς ἰδίας τοῦ ἀνθρώπου κατασκευῆς;

ζʹ. — Πῶς ἐναργὲς προσπίπτει τὸ μὴ εἶναι ἄλλην βίου ὑπόθεσιν εἰς τὸ φιλοσοφεῖν οὕτως ἐπιτήδειον, ὡς ταύτην, ἐν ᾗ νῦν ὢν τυγχάνεις.

ιαʹ. — †Εἰ μὲν οὖν ⟨μὴ⟩ ἔρχεται† ἐπὶ σὲ τὰ πράγματα, ὧν αἱ διώξεις καὶ φυγαὶ θορυβοῦσί σε, ἀλλὰ τρόπον τινὰ αὐτὸς ἐπ' ἐκεῖνα ἔρχῃ, τὸ γοῦν κρῖμα τὸ περὶ αὐτῶν ἡσυχαζέτω κἀκεῖνα μενεῖ ἀτρεμοῦντα καὶ οὔτε διώκων οὔτε φεύγων ὀφθήσῃ.

κγʹ. — Σωκράτης καὶ τὰ τῶν πολλῶν δόγματα 'Λαμίας' ἐκάλει, παιδίων δείματα.

4 — Fiz hoje algo de útil à sociedade? Então me realizei. Que esta verdade esteja sempre à tua mão; que ela esteja sempre sob teus olhos e que nunca a percas de vista.

5 — Qual é a tua vocação? A de ser um homem de bem. Como conseguir, senão graças às verdades teóricas, das quais algumas tratam da Natureza Universal e outras da constituição própria do homem?

7 — Considera com que evidência se apresenta esta verdade: que não poderias encontrar na vida uma situação mais favorável para se dedicar à filosofia do que precisamente esta que enfrentas?

11 — Se os objetos que te perturbam, sejam os que procuras ou os que evitas não vêm ao teu encontro; pelo contrário, se és tu que te apresentas a eles, que teu juízo seja tranquilo: eles permanecerão imóveis e não te verão nem persegui-los nem evitá-los.

23 — Sócrates chamava as crenças populares de monstros ou demônios que assustam as crianças.

κϛʹ. — Ἐν τοῖς τῶν Ἐφεσίων γράμμασι παράγγελμα ἔκειτο συνεχῶς ὑπομιμνῄσκεσθαι τῶν παλαιῶν τινος τῶν ἀρετῇ χρησαμένων.

κζʹ. — Οἱ Πυθαγόρειοι ἕωθεν εἰς τὸν οὐρανὸν ἀφορᾶν, ἵν' ὑπομιμνησκώμεθα τῶν ἀεὶ κατὰ τὰ αὐτὰ καὶ ὡσαύτως τὸ ἑαυτῶν ἔργον διανυόντων καὶ τῆς τάξεως καὶ τῆς καθαρότητος καὶ τῆς γυμνότητος. οὐδὲν γὰρ προκάλυμμα ἄστρου.

κθʹ. — Ἐν τῷ γράφειν καὶ ἀναγινώσκειν οὐ πρότερον ἄρξεις, πρὶν ἀρχθῇς. τοῦτο πολλῷ μᾶλλον ἐν τῷ βίῳ.

26 — Nos escritos dos efésios encontra-se esta máxima: "Ter sempre presente o exemplo de um antigo que praticou a virtude."

27 — Os pitagóricos prescreviam elevar os olhos ao céu de manhã a fim de se lembrarem destes seres que realizam eternamente sua tarefa sem desviar de sua rota nem variar sua disciplina, sua pureza e seu despojamento, pois nada encobre os astros.

29 — Tanto na arte da escrita como na da leitura não podes passar a ser mestre antes de ser aluno. E isto é mais verdade ainda com relação à vida.

BIBLIOGRAFIA

P. A. BRUNT "Marcus Aurelius in his Meditations". *Journal of Roman Studies* 64 (1974): 1-20.

H. RICHARDS "Notes on Marcus Aurelius" *Classical Quarterly* 19 (1905): 18-21.

C. R. HAINES "The composition and chronology of the thoughts of Marcus Aurelius". *Journal of Philology 33:* 278-295.

G. R. STANTON "Marcus Aurelius, emperor and philosopher." *Historia* 18 (1969): 570-587.

BIRLEY, A. *Marcus Aurelius.* London, 1966.

SANDBACH *The Stoics* London, 1975.

JOLY, R. *Le thême philosophique des gemes de vie dans l'antiquité classique.* Bruxelles, 1956.

RODIS LEWIS, G. *La morale stoicienne.* Paris, PUF, 1970.

RIST, J. M. *Stoic philosophy.* Cambridge, CUP, 1977.

CLARKE, M. L. *The Roman Mind.* Cambridge (Mass.) Harvard University Press, 1956.

SOBRE O TRADUTOR

WILLIAM LI (1960-1999) foi crítico de música erudita, tradutor e colaborador da Folha de S.Paulo, graduado em Filosofia e Letras Clássicas pela USP, professor de Filosofia Grega na UFMG e de Latim na USP. Realizou estudos de pós-graduação em Letras Clássicas. Tradutor do inglês, francês, latim e grego. Foi pesquisador na Fundation Hardt, de Genebra, e na Universidade de Oxford. Traduziu *Sobre a brevidade da vida*, do filósofo romano Sêneca e a fábula *O Lobo e o Cordeiro*, de Fedro. (Nova Alexandria).

Este livro foi composto em *Times* pela *Iluminuras* e terminou de ser impresso nas oficinas da *Meta Brasil Gráfica*, em Cotia, SP, sobre papel off-white 80g.